パワーアップ版

読むだけ小論文

基礎編

樋口裕一

Gakken

はじめに

小論文は、今では大学入試の重要科目だ。そのため、小論文の書き方を説明した参考書は、私自身のものも含めて、数多く出版されている。

だが、小論文は、書き方を学んだだけでは書くことができない。そもそも小論文という科目は、受験生が大学に入って学ぶだけの論理性や思考力や知識を持っているかどうかを確かめるためのものだ。そして、論理性や思考力を示すにも、知識が必要だ。ある程度の知識があってこそ、問われたことの意味も理解でき、課題文を読解でき、自分の考えをまとめることができる。知識がなければ、そのようなことができず、何も書けないことになってしまう。

もちろん、ふだんから新聞や本をしっかり読み、大学が求めている領域についての知識を持っているのなら、さほど苦労せずに小論文が書けるだろう。だが、ほかの科目の勉強に追われている受験生に、普段から新聞や本をしっかり読む時間はないだろう。新聞を読んでも基礎知識が不十分なので、理解できないという人も多そうだ。

そんな受験生のために、合格に絶対に必要な知識をわかりやすくまとめた参考書として『読むだけ小論文』を初めて世に出したのが1995年。著者が期待していた以上の好評を得て、小論文学習の決定版としての評価を受けた。その後、時代に合わせて改訂を繰り返してきた。

だが、ますます時代が変化し、小さな改訂では間に合わなくなった。そこで全面的に稿を改めて、現代社会の動向、そして大学受験の出題傾向に合わせて、現代の受験生にいっそう役立つようにしたのが本書だ。

本書「基礎編」では、まず小論文を書く技術について説明し、その後、小論文を書くために不可欠な基礎的問題について解説している。あらゆる学部・学科の志望者に不可欠な社会問題を扱っている。本書を読むことによって、教養ある大人が当然知っておくべきことの多くを知識として得ることができるだろう。新聞を十分に理解して読むための第一歩にもなるだろう。

「法・政治・経済・人文・情報系編」では、中堅校・難関校で狙われる社会系・人文系の問題について解説している。やや高度な政治、経済、文学などの専門的な問題を扱う。自分の志望する学部・学科が求めている知識を深めるために役立つだろう。

とはいえ、難関校を受けるにしても基礎的な知識が必要だ。よって、そのような人も、「基礎編」と「法・政治・経済・人文・情報系編」の両方を読むのが望ましい。基礎知識を身につけてこそ、「法・政治・経済・人文・情報系編」の内容が本当の意味で理解できるだろう。また、逆に、できることなら、「基礎編」だけで済ませずに、多くの人に「法・政治・経済・人文・情報系編」も読んでほしい。そうしてこそ、基礎編の内容がより深く理解できるだろう。

この2冊をしっかりと読んで、知識を身につければ、「超」難関校であっても、小論文問題に関するかぎり、合格のための手掛かりを得てほとんど大丈夫なはずだ。この中にある知識がそのまま出題されることも多いだろう。そのままは出題されなくても、これらの知識を使えばラクに書けることも多いだろう。これらの知識があるために、簡単に課題文が読み取れることも多いだろう。

本書を繰り返し読むことによって、多くの受験生が小論文を得意科目とするばかりでなく、現代社会のあり方を考える第一歩として利用してくれることを願っている。

樋口裕一

もくじ

CONTENTS

Prologue

小論文の書き方

～「型・メモ・知識」で突破する！～

イエス・ノーを答えれば小論文になる

小論文と作文の区別がついていない人が多い。だから、「小論文は勉強のしようがない」とか、「作文が上手なら、小論文はすぐに書けるようになる」などというトンデモナイことが言われるわけだ。

小論文と作文には別の能力が必要だ。私の教え子でも、作文の上手な人に限って、いつまでも小論文が書けるようにならない。作文の上手な人は、文章の勢いで書こうとする。だが、小論文には、文章のうまさは必要ない。自分の意見を正確に表現する論理力と人間や社会に対する知識があれば、だれにでも簡単に小論文は書ける。それに、論理力と知識を増やすのも、それほど難しいことではない。少なくとも、英語や日本史などと比べれば、ずっとラクに身につく。

では、どうやれば、小論文は書けるのか。

小論文と作文の根本的な違い、それは小論文が、ある問題に対してイエスかノーかを答えるものだということだ。つまり、逆に言うと、イエスかノーかの問いを作れば小論文らしくなるということだ。

「人工知能（ＡＩ）」についての小論文を書くように求められて、人工知能の発展を知って驚いた話を書いても作文でしかない。ＡＩが現在どの程度に研究されているかを説明しても、それは説明文でしかない。小論文を書きたかったら、「ＡＩは人類のためになるか」「ＡＩの研究を進めるべきか」「ＡＩは人間の仕事を奪うか」「ＡＩは人間を支配するのか」といったイエス・ノーで答えられるような問題を提起して、それを論じなければならない。

小論文には『型』がある！

とはいえ、イエス・ノーの問題提起をして、それについて書いただけでは、まだ小論文にはならない。論理的に論を運んでこそ小論文になる。では、どうすれば論理的になるか。実は、これにもいい方法がある。論理的な『型』に沿って構成すればいいのだ。

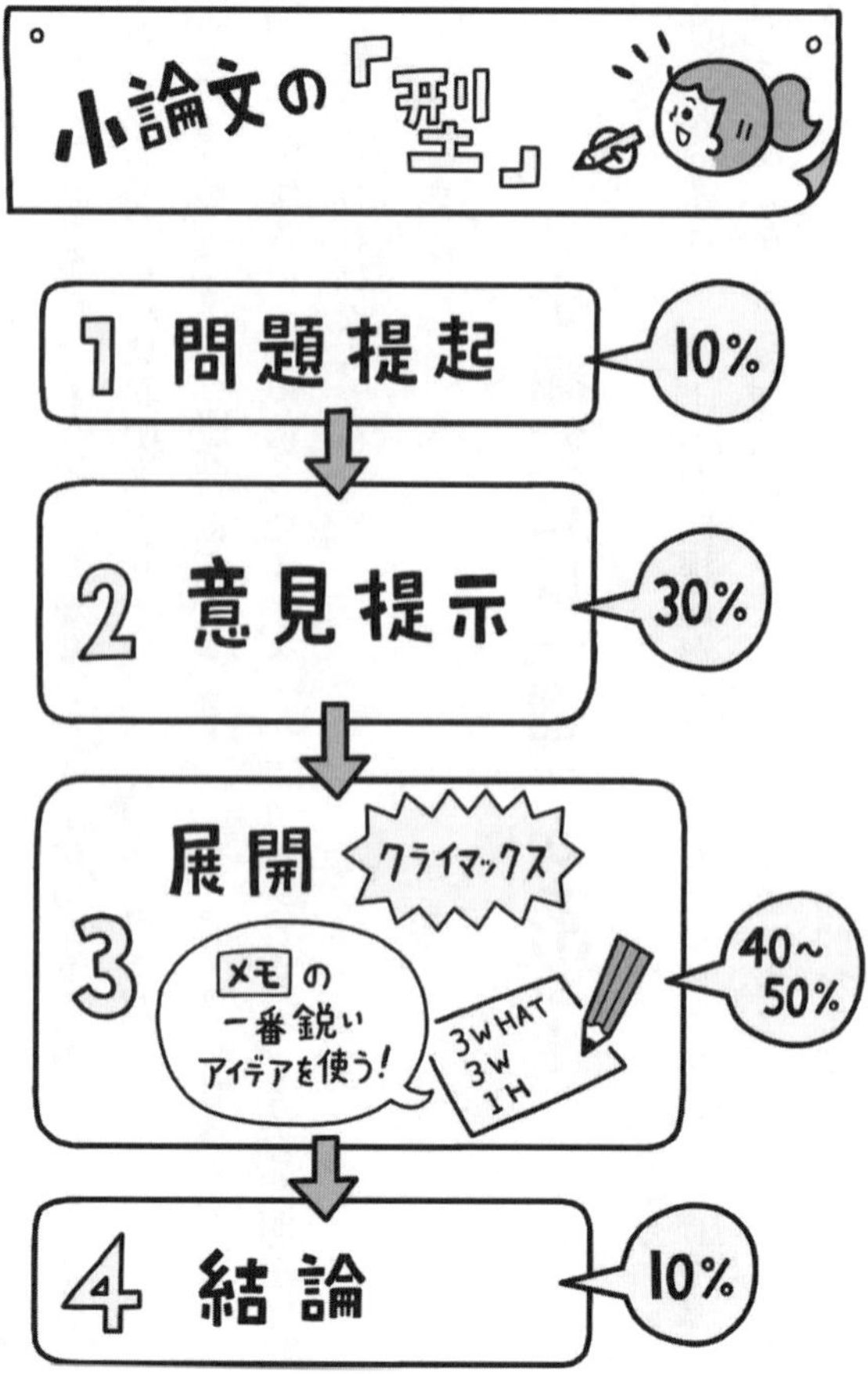
小論文の「型」
1 問題提起
10%
2 意見提示
30%
3 展開
クライマックス
メモの
一番鋭い
アイデアを使う！
3WHAT
3W
1H
40～
50%
4 結論
10%

論理というのは、簡単に言えば、説得するための手順だ。手順どおりに書けば、おのずと論理的になる。そのために、次に示すような四部構成（これは一部で「樋口式四部構成」と呼ばれている）にすることを勧める。もちろん、最終的には、『型』を崩すのもいいだろう。だが、まずは『型』をマスターするのが、最も効率的に、コンスタントに力をつける方法なのだ。

『型』の四部構成

① 問題提起

設問の問題点を整理して、これから述べようとする内容に主題を導いていく部分で、全体の10パーセント前後がふつう。

課題が、直接的に「イエス・ノー」になっていないときには、この部分でイエスかノーかに転換する。課題文のつく問題の場合は、ここで、課題文の要約をして、それと関連する問題を提起するのが原則。「課題文の筆者は……と主張しているが、それは正しいか」「課題文では……が問題にされているが、それは好ましいことか」というように、課題文の主張や課題文で説明されている事項の是非を論じる。

また、課題に曖昧な言葉が混じっているときや、課題文のキーワードがわかりにくい場合には、この部分でその言葉の説明をする。

② 意見提示

イエス・ノーのどちらの立場をとるかをはっきりさせ、ことがらの状況を正しく把握する。全体の30パーセント前後がふつう。全体が1000字を超す場合には、ふたつの段落に分けてもよい。

ここは、「確かに……。しかし……」という書き出しで始めると書きやすい。たとえば、課題文にノーで答える場合、「確かに、課題文の言い分もわかる。たとえば、こんなことがある。しかし、私は、それには反対だ」というパターンにする。そうすることで、視野の広さをアピールすると同時に、字数稼ぎをするわけだ。

だが、ここで書き過ぎないように注意。書き過ぎると、次の展開部で書くことがなくなってしまう。君の小論文の一番のヤマ場は展開部に書くべきであって、ここでは、それほどの売り物ではない意見を書いたほうがよい。

③ 展開

ここが小論文のクライマックス。第二部で書いたことをもっと掘り下げて、背景、原因、歴史的経過、結果、背後にある思想などを深く掘り下げて書くのが、最も望ましい。この部分は、ふつう全体の40〜50パーセントほどを占める。全体が1000字を超すときには、ふたつの段落に分けるほうが書きやすい。

④ 結論

もう一度全体を整理し、イエスかノーかをはっきり述べる部分。全体の10パーセント以下でよい。

努力目標や余韻を持たせるような締めの文などは不要。イエスとノーが入り混じったような折衷案も好ましくない。イエスかノーか、もう一度的確にまとめればそれでよい。

メモの質と量が小論文の点数を決定する

イエス・ノーの問題提起をして、型どおりに構成すれば、ほぼ小論文らしいものが書ける。とはいえ、これで十分なわけではない。これだけでは、一応は小論文らしくても、内容的にはオソマツなものしかできない。もっと内容的に深める必要がある。

そのために**不可欠な作業がメモだ。**小論文の課題が与えられるとすぐに原稿用紙を埋め始める人がいるが、それでは優れた小論文は書けない。試験時間から、自分が規定の字数を原稿用紙に埋めるのに要する時間を引いた残りの時間の大半は、メモに費やさなければいけない。

まず、何に的を絞るかをメモする

「○○について」といった形式の問題の場合は、どんな問題提起をするか考える。たとえば、「人工知能（ＡＩ）について」という題を出された場合、「人工知能は……だ」と言われていることを思い出すこと。ただし、それをそのまま結論に書くと、底の浅いありふれた文章にしかならない。それを疑問形にして、「人工知能は……か」にしてみる。そうやって、問題を提起する。

課題文があるときには、正確に文章を読んで、メインテーマを取り出す。言うまでもなく、メインテーマについて書かないと、点をもらえないと思って間違いない。

3WHAT、3W、1Hで書け

文章は5W1H（WHEN、WHO、WHERE、WHY、WHAT、HOW）を考えて書けと言われる。しかし、これは作文のためのものであって、小論文には適当ではない。

私は小論文の場合、3WHAT、3W、1Hを考えることを勧めている。3WHATというのは「それは何か（定義）」「何が起こっているか（現象）」「何がその結果起こるか（結果）」。3Wとは、WHY（理由、背景）、WHEN（いつからそうなのか、それ以前はどうだったか＝歴史性）、WHERE（どこでそうなのか、ほかの場所ではどうなのか＝地理性）。そして、1Hとは、HOW（どうやればいいか＝対策）だ。

たとえば、「人工知能」が問題だったら、人工知能とは何か（定義）、今、どのようなことが起こっているか（現象）、その結果、日本社会や世界はどうなっていくか（結果）、人工知能が好ましい・好ましくないとみなされる原因は何か（理由）、いつごろから今のような人工知能が研究され、問題視されるようになったのか、それ以前はどうだったか（歴史性）、よその国、たとえばアメリカや中国や東南アジアではどうか（地理性）、どうすれば人工知能を人間にとって好ましいものにできるか（対策）を考えるわけだ。

　ただし、もちろん、このすべてを必ず考える必要があるわけではない。「定義」「理由」「歴史性」だけを考えてうまい着想を得られたら、その段階で中断してかまわない。だが、そこでメモそのものをやめてはいけない。その視点について、もっと深く考えなくてはいけない。たとえば「人工知能は兵器に使われると危険だ」と思いついたとする。だが、そこでやめてはいけない。どのような制限をすれば危険でないようにできるのか、そのような制限を国際的に取り決めることはできるのか、AIによる兵器はどのような展開をする恐れがあるのかなどを考えてみる。

　実際に書くかどうかはともかく、思いついた考えをできるだけ深く掘り下げる。掘り下げれば掘り下げるほど、鋭くて深い小論文ができあがる。

反論してみる

課題文が手に負える程度の文章だったら、**賛成するより反対するほうが書きやす**

い。賛成しても、課題文をなぞるだけになってしまうし、そもそもほとんどの場合、その道の専門家が書いているのだから、つけ加えることはあまりない。むしろ、ノーの視点を探して、真正面から反論するほうが論は深まる。

とはいえ、もちろん、課題文があまりに高度なために反論の糸口を見つけ出せないときや、反論すると人格や思想を疑われそうなときには、さっさとイエスで答えることにする。だが、その場合も、筆者の意見をそのまま繰り返すだけではいけない。なんとか、課題文を補足する必要がある。イエスで答えるときにも、ノーで答えるときにも、3WHAT、3W、1Hを考えると、糸口が見つかりやすい。課題文の筆者は自分の考えを補強するために、いくつもの論拠を挙げているはずだが、ある項目について考えるのを忘れていたりする。たとえば、課題文の主張は現代の日本にしか通用せず、歴史的（W）、地理的（W）に考えると間違いだらけのものだったり、立派なことを語っているが、対策（H）の立てようのない非現実的な理想論だったりする。そこを突いてみる。

構成をメモする

無秩序に思いつきを書いたメモを構成して、論理的にするわけだ。その際、**メモで思いついた一番鋭いアイデアを第三部に置くようにして、型どおりに構成する。**いつもその型に当てはめて書くのが、うまい小論文の書き方だ。いちいち今度はどんな構成にしようかと考える必要はない。

イエスとノーのふたつの立場を並べて「一方の側に立てばこんなことが言える。だが、もう一方の側に立てばこうも言える」というようなイエスかノーかのはっきりしないタイプや、「私は、イエスだと思う。その理由は、AとBとCとDとEだ」というような理由を羅列する文章は好ましくない。

どちらかの立場にはっきり立ち、焦点を定めて書かなくてはいけない。それぞれの段落で書くことを箇条書きにしておくと、途中から論がずれずにすむ。そして実際に書くときには、それに説明や具体例を加える。

同じ形でさまざまなタイプの問題に対応できる

課題文がついていようといまいと、課題文がいくつあろうと、そして、課題文の代わりに表やグラフ、絵があろうと、基本は変わらない。すべて、イエス・ノーの形で対応できる。

エッセイや小説のような主張のはっきりしていない課題文の場合

この場合も、論じる対象を自分で見つけるという作業が加わったにすぎない。問題を見つければ、基本はイエスかノーかと同じ。主張はなくても、必ず伝えたいもの（メッセージ）か、指摘はあるはずだ。初めに課題文の問題点を説明して問題を提起し、それらについて、それが正しいか、なぜ正しいか、原因、背景はどうかなどを考える。

複数の資料文がついているとき

まずは文章の主張の違い、その根本の考え方の違いを整理する。文章が対立しているときには、どちらかの側に立って、イエスかノーかを論じるのが基本だ。ただし、賛成する資料文の趣旨をそのままなぞるだけではなく、補足、部分修正、3WHAT、3W、1Hの検証を忘れてはならない。

対立関係ではないとき

複数の文章を読んで、対立しているわけではなさそうなときは、ある共通した問題について書かれていると考えて間違いない。どの点で共通しているかを、まず考えてみる。そして、共通した主張があったら、それについてイエス・ノーを論じる。また、共通点が見つからなかったら、比較的主張のはっきりしている文章をひとつ選んで、その主張に対してイエス・ノーで論じ、そのほかの文章は、イエスやノーの論拠として、文字どおり資料に用いる。配布された文章を全部熱心に読んでいたら、それだけで時間切れになるので、二次的資料は飛ばし読みしてよい。

グラフや表のついた問題のとき

グラフや表も、必ず何かを主張している。その主張を読み取らなければならない。その問題について言われていることを思い出し、それが本当に正しいかどうかを検証するようにしてグラフを読むと、グラフの意味が見えてくる。そして、まずは際立ったところに目をつける。細かいところにこだわっていては、大きな傾向がつかめない。極端に変化しているところを見つけてそれはなぜかを考えると、グラフの主張が見えてくる。主張が読み取れたら、第一段落でそれを説明して、あとはいつものように論を展開すればよい。

絵や写真、漫画がついているとき

この種の問題もまずは作者の主張を捉えること。いつもはっきりした主張があるとは限らないし、主張とは呼べないようなもっと漠然としたもののこともあるが、知識を総動員すれば読み取れるはずだ。どうしても、主張を読み取れないときや、主張などなさそうなときは、自分で問題を作らなければならない。「この絵は……の象徴だ」とすると書きやすくなる。そして第一段落で、なぜそう感じられるかの説明を具体例に即して書いてから、いつものように論じればよい。

仕上げはネタの転用術で

さて、これでメモの取り方も、構成の仕方もわかった。では、これでだれでも鋭い小論文を書けるかというとそうではない。なぜか。

答えは簡単。**知識が不足しているためだ。**

知識がないと、メモを取ろうにも取れるはずがない。いくら小論文の書き方を学んでも、書くための内容を思いつかない。どうしてもありふれたことや的外れなことを書いてしまう。

そこで勧めるのが「転用術」だ。前もって鋭い知識を仕入れておいて、本番ではそれとこじつけて論を深める。実戦に合わせて転用するわけだ。特に、第三部の「展開」部分で知識を示すと、鋭さをアピールできる。こじつけが不自然だと逆効果だが、うまくいくと、鋭く踏み込める。転用ネタをたくさん持っていればいるほど、無理にこじつけなくてすむようになる。

そういうわけで、本書では、小論文に不可欠な知識を君たちに伝授する。実際に、これから伝授する知識をそのまま扱った課題が出ることも多いだろう。そのときには、この知識がそのまま役に立つ。少しひねった課題が出ることもあるだろう。その場合は、うまくこじつけて転用してほしい。特に、太字になった部分は、そのまま君たちの小論文の第三部に書くことができるだろう。そして、課題とつじつまを合わせて具体的に説明すれば、それだけで優れた小論文ができるはずだ。

頻出テーマ

1

グローバル化

Check!

要点をつかむ

「グローバル化」

「グローバル化」の問題は、小論文に頻出だ。「グローバル化」がそのまま問われることもある。「外国人労働者の受け入れをどうするか」「異文化をどのように理解するか」「国際協力はどうあるべきか」「文化摩擦をどうするか」といった問題が出題されることもある。だがいずれにしても、これらはすべて「グローバル化」に関しての考えを聞かれていると思ってよい。

このテーマのPOINT

着眼点　そもそもグローバル化って？

- 資本主義のもとで規制緩和や自由競争が推し進められたことにより、ヒト・モノ・カネ・情報が国や地域を越えて自由に、盛んに行き来するようになった。
- 情報化が進んだことでグローバル化が加速した。

着眼点　グローバル化のメリット・デメリットとは？

- 経済系の学科では経済の活性化や格差の拡大、人文系の学科では異文化理解や異文化間の対立などについて論じられるようにしておきたい。

着眼点　グローバル化による日本国内の変化

- グローバル化によって訪日外国人の数が増加し、国内の多様性が拡大している。
- 特に、2019年4月から改正出入国管理法が施行され、今後はさらに外国人労働者が増えていくことが予想されている。
- 外国人労働者の受け入れの賛否や、受け入れの際に起こる問題について論じられるようにしておこう。

着眼点　グローバル化にどう対応していくか？

- グローバル化に対応していくために、自分自身が大学で何を学び、どんな力を身に付けるべきかについて問われることもある。
- 教育系を目指す人は、グローバル化が進行する中で、子どもたちの中にどんな力を育成していくべきかということも考えておこう。

グローバル化とは何か？

ヒト・モノ・カネ・情報が国境を越える

グローバル化というのは、世界がまるでひとつであるかのような状態になっていくことだ。交通手段の発達、コンピュータのような情報機器の発達などのために、**人も物も情報も金も、今では国や地域の境界を越えていく**。日本でも、ほかの国々でも、世界のさまざまな場所から来た人々を見かけるようになった。かつては国境を越えたやり取りや交流はある程度限られていたが、今や「**ボーダーレス**（国境のない状態）」**とも呼べる時代**になっている。

世界の各地には、多くの国の企業が進出している。たとえば、日本の企業の工場が中国やタイ、ベトナムにある。日本国内にも欧米や中国、韓国の企業の工場や支店がたくさんある。日本の企業でおおぜいの外国人が働いている。日本の企業の株を海外の人々が買っている。どこに住んでいても、たとえ外国であっても、パソコンやスマートフォンなどの情報端末を使って、会社内にいるのと同じようにさまざ

グローバル化
国境を越えた結びつきが深まる
情報化でグローバル化が加速
・移民の増加
・異文化間の対立
ヒト
情報
カネ
モノ
・経済の活発化
・格差の拡大
・世界同時不況のリスク

まな仕事ができる。日本にいながら、世界のスポーツイベントを見ることができ、ドイツのオペラ中継を見ることもできる。インターネットを介して、世界中で買い物ができる。世界中の企業のホームページをのぞくことができ、世界中の人々のアップしたブログや動画を見ることができる。世界の観光地に行くと、世界中の人が集まっている。

私の仕事場のある東京都新宿区を歩いていると、あちこちから外国語が聞こえてくる。場所によっては日本語よりも中国語のほうが多く聞こえてくる。そのほかに、英語、韓国語、ベトナム語、タイ語、スペイン語などが聞こえてくることも珍しくない。欧米の都市を歩いていても、観光地でもないのに、中国語や日本語が聞こえてくることも少なくない。自分がどこの国にいるのか、ときどきわからなくなるくらい、世界中がひとつになっている。

グローバル化と呼ばれるこのような現象が急速に進んだのは、東西冷戦が終結したあとのことだ。第二次世界大戦後、世界はアメリカを盟主とする資本主義圏とソ連を盟主とする社会主義圏に各国が分かれて対立する「冷戦」の状態にあったが、1989年にアメリカとソ連の首脳会談が行われ、その終結が宣言された。1991

年にはソ連が崩壊し、市場経済が世界中に広がっていく中で、人々の活動が地球規模で拡大していった。

では、グローバル化は好ましいことなのか。もちろん、好ましい面と好ましくない面がある。以下では、グローバル化のメリットとデメリットを見ていきながら、私たち自身がグローバル化に対してどのように向き合っていけばよいのかを考えてみよう。

グローバル化は何をもたらしたのか？①

経済の活発化、格差の拡大

グローバル化の影響が特にはっきりと現れているのが経済の領域だ。**そこでの好ましい面として、経済の活発化が挙げられる。**

従来はほとんどの企業が限られた国や地域でのみ経済活動を行っていたが、現在では複数の国に拠点を置いて活動する「多国籍企業」も珍しくなくなった。国内だけでなく、世界の各国に市場規模が広がることで、より多くの利益が見込めるようになる。そして、ある商品がひとつの地域であまり売れなくなったとしても、別の地域ではまだ売れる可能性がある。特定の市場への依存率を下げることで、リスクを分散させることができる。

また、企業にとってグローバル化のメリットは市場規模が拡大することだけではない。安価な賃金で働く労働者を国外から集めたり、そうした労働者が多くいる途上国に拠点を移したりすることで、製品の生産コストを抑えることができる。たとえば、ソニーやパナソニックなどの日本のブランド名になっていても実際には中国やマレーシアやベトナムなどの工場で作られたものも多い。

このように、**グローバル化の中で企業の経済活動は規模を拡大することができる。**

このことは、個人の消費活動にも変化をもたらしている。今では多くの人が世界中から商品を選んで買えるようになった。企業がコストを抑えて生産することで、消費者も比較的安く製品を手に入れることができる。

そして、労働者にとってのメリットもある。これまで発展途上だった国でも、先進国に輸出するための農業が盛んに行われるようになった。それまで仕事のなかった人々が仕事を得て、生活が豊かになってきている。また、先進国の工場が進出してくることにより、工場で働いて給料をもらえるようになる人々も増えている。

しかし、経済のグローバル化に見られるのは、こうした好ましい面だけではない。**経済活動の規模の拡大によって生じるメリットは、逆に国内経済を圧迫するといったデメリットにもつながることになる。**

たとえば、中国やマレーシアやベトナムには、安い労働力が豊富にある。だから、安い値段でモノを作ることができる。それに対して、日本のような先進国は途上国などに比べて人件費が高い。だから、どうしても工業製品の値段が高くなる。そうなると、日本の工場で作った製品はあまり売れなくなる。日本国内の工場は経営が苦しくなる。できるだけ人件費を安く抑えようとする。社員の給料を下げようとするし、正社員を雇わないでアルバイトやパートの従業員ですませようとする。それでも経営が成り立たなくなって、会社が倒産してしまうことも多い。当然、失業者も増えることになる。

このように国内の産業が衰退することを「産業の空洞化」という。こうした問題は、工業だけでなく、農業などでも生じている。つまり、グローバル化して国外から安い製品が入るようになったために、先進国の工業も農業も成り立たなくなって苦しみ、その影響で国内の労働者の収入も減り、経済全体が苦しんでいるわけだ。**一部にはグローバル化の波に乗って豊かになった人もいるが、多くの人が低賃金に苦しみ、経済格差が拡大している。**

では、途上国はグローバル化によってメリットばかりを得ているかというと、そうでもない。**途上国もまた、グローバル化によって苦しんでいる面がある。**

途上国の場合、農業国のままでなく、工業国に移行したいと願っていることもある。だが、グローバル化して、海外から優れた製品が入ってくると、いつまでも国内の工業は育たない。言い換えれば、先進工業国に農産物を供給する立場からいつまでも脱することができない。ずっと途上国のままでいるしかなくなる。途上国は、グローバル化を契機にして、もっと大きな産業を作り出そうとしながらも、なかなか実現できずにいると言えるだろう。

もうひとつ、グローバル化による経済面のデメリットがある。それは、**世界同時不況に陥る恐れがある**ということだ。

今、グローバル化しているために、世界のあらゆる国の企業の株を世界中の人々が持っている。それなのに、たとえばアメリカやヨーロッパの大手金融企業が経営に大失敗して倒産したりする。あるいは、何らかの事情でヨーロッパやアジアの小さな国が大不況に陥ってしまうとする。以前であれば、その企業やその国が苦しむだけだった。ところが、今では、その不況に陥った企業の株を世界各地の企業や人々が所有しているわけだから、ひとつの国の株の暴落がほかの国にも波及する。こうして、世界中で不景気が広がってしまう。

2008年、リーマン・ブラザーズというアメリカの大手金融会社の経営が破綻したために世界中を不況が襲った「リーマンショック」、2009年、ギリシャの財政危機のためにヨーロッパ全体が危機に陥り、それが世界に広まりかけた「ギリシャ危機」などが、これまでにも起こった。また、2020年には、中国で感染が確認された新型コロナウイルスが世界中に広まり、それが「パンデミック」(感染爆発)となって、世界的な経済危機につながった。

近年は中国が世界経済に勢いをつける形になっているが、世界のどこかで経済問題や政治問題、病気の感染などが起こると、それに引きずられて世界中の経済が悪化する恐れがある。グローバル化したがゆえに危険だと言えるだろう。

グローバル化は何をもたらしたのか？②

異文化間の交流の拡大、対立の深刻化

グローバル化による大きな変化が生じているのは、もちろん経済の領域だけではない。**文化の領域などでもいろいろなメリットとデメリットが生じている。**

グローバル化が進む中で、以前よりも簡単に国や地域の境界を越えて行き来することができるようになり、異なる国や文化圏で生活をする人々も増えてきている。たとえば、途上国の人々が先進国で少しでも良い仕事を探そうとして、先進国に行くようになった。時には家族を呼び寄せて、新しい国に長く住むようになる。そうして、先進国に別の言葉を話し、別の文化を持った人々が増加することになる。時には肌の色が違い、宗教が異なる人々も住むようになる。

日本でも隣の住人が外国人であったり、職場でいろいろな国の人々と接したりすることはすでに珍しいことではなくなっている。学校や地域で、さまざまな国の人々が交流するイベントもあちこちで開催されている。お互いの考えや価値観などがだんだんと理解できるようになり、うまくいけば生活習慣や宗教の違いなどをお互いに尊重することにつながっていく。つまり、**グローバル化が進むことにより、異文化理解が促進されることが期待できる**のだ。

しかし、そうした異文化理解はいつでもうまく進むとは限らない。異なる文化的背景を持つ人々が接触する中で、かえって民族的な反目や差別、文化衝突が深刻化する場合もある。

異文化理解というのは、要するに、文化の違う者、つまり、まったく別の考え方をして、違うものを食べて、違う生活をしている人との心の交流を意味する。隣の人が、言葉も通じず、こちらからすると妙な服装をして、毎日、聞き慣れない祈りの声をあげて、ものすごい匂いのするものを食べているとしたら、不安に感じてしまうかもしれない。そして、その人たちが、魚を生で食べ、宗教に無頓着で、仕事に追われて生きている日本的な生活を否定的に見ているとすれば、親しくつき合うのは難しいだろう。

実際に、世界各地で移民をめぐる問題が生じている。西欧諸国には、政治的に不安定なアフリカや中東の国、経済的に低迷している東ヨーロッパの国から移民が流入することになっていった。昔から住む人たちの中には、自分たちの仕事を奪われ、住み心地の良い場所を奪われたと感じる人が増え、多くの国で、「移民排斥」「白人至上主義」を掲げる右翼政党が力を伸ばしてきた。このように、グローバル化が進んだことによって、異なる民族、人種、文化間の対立がむしろ激化している面がある。

また、文化面での大きな問題点のひとつに、個々の民族文化や多様な価値観が否定されていることが挙げられる。グローバル化が強まれば強まるほど、世界各地の文化は薄れていく。

たとえば、私が初めてタイのバンコクを訪れたのは1981年だった。人々は南国特有の服を着て、街には汚いけれどおいしい屋台が並び、のんびりと暮らしている人々の姿が目を引いた。民族衣装を着た人も多かった。ところが、最近バンコクに行くと様変わりしているのに驚く。おしゃれなデパートやブティックがたくさん建ち、バンコクの人はそうした新しい店で買った服を着て冷房の効いたお店でショッピングを楽しんでいる。ハリウッド映画のポスターがあちこちにあり、アメリカ音楽や、それを真似たようなタイの音楽が聞こえてくる。昔ながらのタイの生活は、都市にいる限りなかなかお目にかかれない。

こうなると世界中がアメリカのようになって、現地の人々は自分らしさを失ってしまう。**アメリカ的な文化への均質化（アメリカナイゼーション）が進み、文化的な多様性が失われることになる。**

同様に、**経済を重視するアメリカ的な価値観が世界中に広まってきていることも大きな問題を引き起こしている。**たとえば、あちこちで環境よりも経済を優先して、環境破壊が起こっている。これまで自然を楽しみ、自然と共に生活していた人々までもが、工業に従事し、工場を建てて働くようになったために、環境汚染が広がってしまった。先進国がそれ以外の地域に環境破壊を拡大した形になっているのである。しかも、これまでのんびりと暮らしていた人が、競争社会に投げ込まれて、自分らしく生きていけなくなっている。

現在、世界のあちこちでテロが起こっているが、その原因の一端がこのようなグローバル化にあると見ることもできる。グローバル化のために自分たちの宗教や文化がアメリカなどの西洋文化によって脅かされていると感じている人々が、自分たちの文化を守ろうとして、アメリカ文化やその手先に見える人々を攻撃しているわけだ。とりわけ、一部の過激なイスラーム教徒たちは、自分たちの宗教を守ろうとして、それに反するすべてを敵と考えて攻撃している面がある。こうした状況を生み出しているのも、グローバル化の大きな側面と言えるだろう。

もうひとつ、グローバル化には大きな危険性がある。2020年に起こった出来事によって、世界中の人がその危険性がいかに大きいかに気付くことになった。

2019年12月、中国の武漢で新型コロナウイルスの発生が報告され、突然、多くの人が感染した。ちょうど春節と呼ばれる中国の旧正月の時期だった。中国の人々は、春節には大移動を行い、多くの人が日本などのアジア地域や欧米などに出かける。中国国内に帰省したり、旅行したりする人もいる。しかも、このウイルスに感染した人は、すぐには症状が出ないため、自分では気付かないうちに他人に感染させてしまうことになった。こうして、ウイルスに感染した人が世界中に広まって、感染を拡大することになった。

これまでにも、世界はペストなどのさまざまな流行病に襲われてきた。21世紀に入ってからも、2002年に同じく中国で重症急性呼吸器症候群（SARS）が発生して32の地域と国にわたって8000人以上の感染者を出した。2012年にも、サウジアラビアで最初の患者が確認された中東呼吸器症候群（MERS）による感染症が起こった。それらはそれほど大きく拡大しないうちに食い止めることができた。ところが、2020年の新型コロナウイルスはそれまでとは比較にならない速度で世界中に広まり、日本を含む各国で多くの感染者と死者を出し、世界全体でのパンデミック（感染爆発）が起こったのだった。

たまたま新型コロナウイルスの感染経路が追いにくい特徴を持っていたこと、各国の対応が遅れたことなどの原因もあるが、根本的にはグローバル化したことがこの感染拡大の最大の原因として挙げられるだろう。

すでに世界はグローバル化して、日常的に人々が国境を越えて活動している。世界のどこかで病気が発生し、少しでも対応が遅れると、それが世界中に蔓延するのをとどめるのは難しい。しかも、前に述べたとおり、経済的にもグローバル化しているために、経済が打撃を受けると、それは世界に連動して、世界中の経済が影響を受けてしまう。対応を間違えると、世界大恐慌につながりかねない。

これからは、そのような危険を少しでも食い止めるためのシステムを作っていくことが求められている。


グローバル化で日本はどうなるのか？

国内の多様性への対応が問われている

他国と同様に、日本もグローバル化のさまざまな影響を受けているが、**今後は外国人労働者が増加することによって国内の多様性が今以上に増していく**ことが見込まれている。

2019年3月まで、日本で働くことのできる外国人は、芸術や芸能、学問などの専門職の人、日系の人々、研修生などに制限されており、単純労働者は基本的に認められていなかった。そのため、3か月間の観光ビザで日本に入国して、そのまま違法に働いたり、留学生という名目で入国して、籍を置くだけで学校に通わないで働き続けたりする外国人が後を絶たなかった。日本中のコンビニなどで外国人が働いているのを見かけるが、実際には法律で定められた労働時間を超えてアルバイトをする留学生など、何らかの違反をして働いている人たちも少なくなかった。

だが、少子化が進み、労働者が不足するようになってきた。特に介護、建設、造船、農業、漁業などの分野で労働力が不足している。とりわけ、日本では高齢者が増えるに伴って看護師や介護福祉士の不足が問題になっている。インドネシア

やばい!
少子化で
労働力が足りない〜!!
日本で
働きマース!!
外国人労働者の
受け入れ 拡大

やフィリピンなどからそのような仕事を求めて来日している人が多いが、制度が整っていないことや、資格試験に難解な日本語が含まれることなどから、なかなか実現が困難な状況だ。また、建設業界でも日本人だけでは人手不足で外国人が不可欠とされている。

そこで政府は２０１９年４月から、労働力の不足する分野で外国人の単純労働者も拡大して受け入れることにした。そして、在留資格を技能水準によって、特定技能１号と２号に分け、試験を受けることによって技能と能力を判断し、特定技能１号の人は最高で５年間滞在でき、特定技能２号の人は、家族をつれてきてもっと長期間の滞在をすることもできるようになった。

この出入国管理法改正によって、かつてのような不法労働者が減り、研修生という名目で実際にはひどい待遇で働く労働者が減っていくことが期待されている。そうなれば、外国人労働者も日本人労働者と差のない労働条件で働くことができ、日本の産業に貢献できることになるだろう。

しかし、**現在の受け入れは、外国人をあくまで日本にとって都合よく働いてもらう労働者としてしか見ていない面がある。**つまり、受け入れるのは「外国人材」であって、「移民」ではないとの立場をとっている。そのために、試験をして日本の産業に役立つ人だけ働いてもらおうとし、特別な人にだけ家族の帯同を許して、それ以外の人には許さないことにしている。

だが、果たしてそれでよいのか。それで、外国人労働者は満足して、日本の産業のために働いてくれるのか。家族と暮らせない人が不満を持たないのか。こっそりと家族を連れてきて、事実上の移民のようになりはしないか。海外の労働者にとって、そのような状況でも日本は魅力ある職場なのか。

そんな中、「外国人材として制限するのでなく、もっと積極的に移民を受け入れるべきだ」という意見がある。このままでは人口も減り、産業自体成り立たなくなる。単に労働者を受け入れるだけでなく、国民を増やす必要がある。世界に国を開いていくべきだという意見だ。

それに対して、受け入れるべきではない、と考えている人々はこう言う。「移民を受け入れるということは、不安定な経済状態にある外国人が増えるということであって、社会的混乱が起きるかもしれない。しかも、外国人が今よりももっと増えることになるので、伝統的な日本文化が乱れてくる恐れもある。欧米では移民を受け入れ過ぎたために都心がスラム化し、民族対立が起こっている。日本もそうなる恐れがある。外国人に低賃金で重労働ばかりさせるのは差別になるし、だからと言ってどんな職業でも自由に就けるようにすると、日本人の職が奪われてしまう。そうなると、政治的にも混乱する可能性もある。もっと別の方法で超高齢社会を乗り切るべきだ」

少子高齢化がこれほど急速に進み、そのうえグローバル化もとどめようのない現在、外国人労働者をせき止めることは難しい。また、日本も外国人労働者に頼らざるをえない状況にある。それに、文化というものは、さまざまな文化が入り交じって徐々にできていくものなのだ。だから、外国の文化が入ってきて、新たな日本文化が生まれると考えるべきであって、本来の日本の文化が廃れると嘆くのはおかしい。

意見例

これからすべきなのは、できるだけ社会的な混乱や矛盾が起こらないようにしながら外国人を受け入れていく方法を模索することだ。そして、差別のない、日本人にとっても外国人にとっても暮らしやすい社会をつくっていく必要がある。それは、要するに、外国の固有の文化と日本文化の接点を見つけて、うまく共存することを模索することでもある。

また、日本語の不自由な外国人にしっかりとした日本語教育の機会を保障することも大事だ。それによって、外国人と日本人のコミュニケーションがスムーズになり、相互理解も深まる。日本語学校の整備も求められている。

文化的な対立をどう乗り越えるか?

多様性を尊重する社会へ

グローバル化の進展に伴って、外国の人々とどのように交流するかという、**異文化理解の考え方の面にも大きな変化が起こりつつある。**

かつては、「文化に優劣はない。すべての文化は相対的だ。どれが正しいということはないのだから、すべての文化を尊重すべきだ。欧米の考え方を押しつけるのは間違いだ」という文化相対主義に基づく考えが主流だった。

ところが、グローバル化が進んでくると、そんなことは言っていられなくなった。たとえば、イスラーム圏には児童婚や割礼など、欧米的な価値観からすれば人権を無視したような文化を持つ国もある。民主主義を否定するような文化もある。イスラーム圏だけでなく、日本にも封建的な差別はたくさんある。そうしたものも文化として認める必要があるのか、という問題が出てきた。

それだけではない。自分の国の政治犯を拷問したり、人権を抑圧したりしながら、「これがわれわれの文化なのだから、文句を言うな。文句を言うのは内政干渉だ」と主張する国もある。つまり、文化相対主義が、そのような人権抑圧をする国が自国を正当化するのに使われているわけだ。

それに、先進国の人が文化相対主義の立場から途上国の文化を尊重しようとしても、途上国の人がむしろ欧米の文化を真似したがることもある。たとえばアフリカの人であっても、アフリカ特有の食べ物よりも西洋の食べ物を食べ、アフリカ音楽よりもアメリカのロックのほうを好むといった場合がある。そうやって、西洋流に豊かになりたがっているとも言える。

こうした状況から、全世界で共通する考え方を探るべきではないかという考えが

力を増してきた。それが「普遍主義」だ。つまり、「民主主義や基本的人権などは、どの国でも共通する考え方であるべきだ。そういう基本的なところだけでも、世界共通の理念を定めるべきだ。その理念を明確にし、それに基づいて世界を平和的、理性的にコントロールするべきだ。そして、それぞれの文化を認めていたら、何も決めることができず、好ましくない文化までも認めることになる」と考える。

ところが、これに対しても、とりわけ西洋以外の国々から反発が多い。「男女平等などは、西洋特有の考え方であって、それを西洋以外にまで広めるべきではない。それは、西洋世界の横暴だ」というわけだ。

そして、20世紀の終わり頃になって言われだしたのが、多文化主義という考え方だ。時には、文化的多元主義と言われることもある。これは、文化相対主義と普遍主義を合わせたような考え方だ。

文化相対主義は、さまざまな文化はそれぞれ相対的であり、どちらもそれなりに正しいとみなすことだが、これには、「あの人たちはあの人たち、私たちは私たち。お互い勝手にすればいいのでは？」といった傾向がある。それに対して、**多文化主義は、ひとつの問題を解決するために、それぞれの文化を尊重し合いながら対話を**

くり返して、お互いに納得できるものを求めようという、平和的な共存を目指す考え方だ。

ただし、この多文化主義が果たして現実性を持つかどうか、危惧されることがないでもない。根本的に考えの異なる人が討論しても、互いに理解し合えることは少ない。自分たちのほうが正しいと主張して話し合いが決裂することになりはしないか。結局、お互いに理解し合おう、一緒に解決し合おうなどと思わずに、むしろ、理解し合えるはずがないものとみなして平和に共存するほうがよいのではないかという意見もある。

世界はまだ、文化相対主義と普遍主義、そして、多文化主義の間で揺れ動いている。ある意味で最も現実的なのは、これらの考え方の接点を模索することかもしれない。つまり、基本的な点、たとえば人権や自由については共通の理念をはっきりさせ、それ以外のところでは、文化の多様性を認めるという考え方だ。

意見例

いずれにせよ、多様な文化的背景を持った人々が共存する道を探ろうとするのであれば、他者の置かれている状況に対して想像力を働かせ、お互いの価値観の違いを十分に認識しておく必要がある。そうでなければ、自分たちにとっての「正しさ」

を一方的に押しつけてしまったり、相手に対する無知が新たな対立や差別を生み出したりすることにもなりかねないからだ。

Check!

「グローバル化」

関連キーワード集

グローバル化（グローバリゼーション）

ヒト・モノ・カネ・情報が国境を越えて行き交い、世界が一体化していく現象。それにより、ある場所で起こった出来事が、遠く離れた場所にも影響を及ぼすようになる。

多国籍企業

複数の国に生産や販売の拠点を持ち、世界規模で活動する巨大企業。コストの安いところで原材料を調達して工業製品などを生産し、世界各地で販売を行っている。

産業の空洞化

国内企業の生産拠点が海外に移転し、国内の産業が衰退していくこと。日本では80年代半ば以降、急激な円高で価格競争力を失った輸出企業が海外生産を本格化させた。

文化相対主義

あらゆる文化はそれぞれの価値体系を持っており、それらの優劣を決める絶対的な基準は存在しないとする考え方。ヨーロッパの自民族中心主義を批判する形で登場した。

普遍主義

文化の違いに関係なく、人間には共通した価値があるとする立場。人権の概念などを共通の価値と捉え、それに反する行為は文化の一部として認めることができないと考える。

多文化主義

ひとつの国や社会において、多様な人種・民族・集団の文化を尊重し、対等な関係で共存していくことを目指す理念や政策のこと。文化的多元主義と呼ばれることもある。

頻出テーマ

2

少子高齢化・人口減少

Check!

要点をつかむ

「少子高齢化・人口減少」

少子高齢化や人口減少も頻出問題のひとつだ。特に、グラフや表が出題される大学・学部で、高齢化や人口減少の将来を読み取る問題が出されることが多い。また、そのままズバリと尋ねられるのではなくても、これからの日本が問われるとき、日本がすでに高齢化し、これから人口が減少していくという点を押さえておくと、焦点が定まりやすい。

このテーマのPOINT

着眼点　少子高齢化が進む日本

- 日本はすでに「超高齢社会」になっており、少子化によって人口減少が進んでいる。
- 女性の社会進出が進む一方、子育てと仕事を両立するための社会的な仕組みが不十分なため、出生率が非常に低い状態が続いている。

着眼点　少子高齢化によって生じる問題

- 日本では、生産年齢人口の割合が小さくなることで、経済や社会保障の仕組みが維持できなくなる恐れがあると言われている。
- 介護の問題や「買い物難民」の問題など、高齢者やその家族が抱えている生活上の困難についても押さえておきたい。

着眼点　少子高齢化問題への取り組み

- 少子高齢化問題に対して、日本がどのように取り組んでいくべきかを問われることも多い。
- 現在は、定年退職者の再就職を支援したり、外国人労働者を受け入れたりすることで、労働力不足が解消されていくことが期待されている。

少子高齢化をめぐる日本の現状とは？

すでに「超高齢社会」となり、人口減少が進む

しばらく前から、出生率がどんどん下がり、子どもの数が減っている。2018年の合計特殊出生率は1.42で、このままでは人口が減り続け、その分、高齢者の割合がますます高まることになる。2018年にはすでに4人にひとり以上が65歳以上の高齢者になっている。**人口に占める高齢者の割合が21％を超えている状態を「超高齢社会」と呼ぶ**が、日本は2007年からその段階に突入した。

高齢化とともに少子化が進み、生まれてくる子どもよりも亡くなる人の数のほうが増えて、すでに人口減少が始まっている。2019年10月の時点で日本の人口は1億2600万人余りだが、このままでいくと、徐々に人口が減って約30年後には人口は1億人を下回るといわれている。

なぜ、少子高齢化が進んでいるのか。その原因のひとつに、**医学が進歩して寿命が延び、高齢者が増えた**ことが挙げられる。それには、もちろん、生活水準が上が

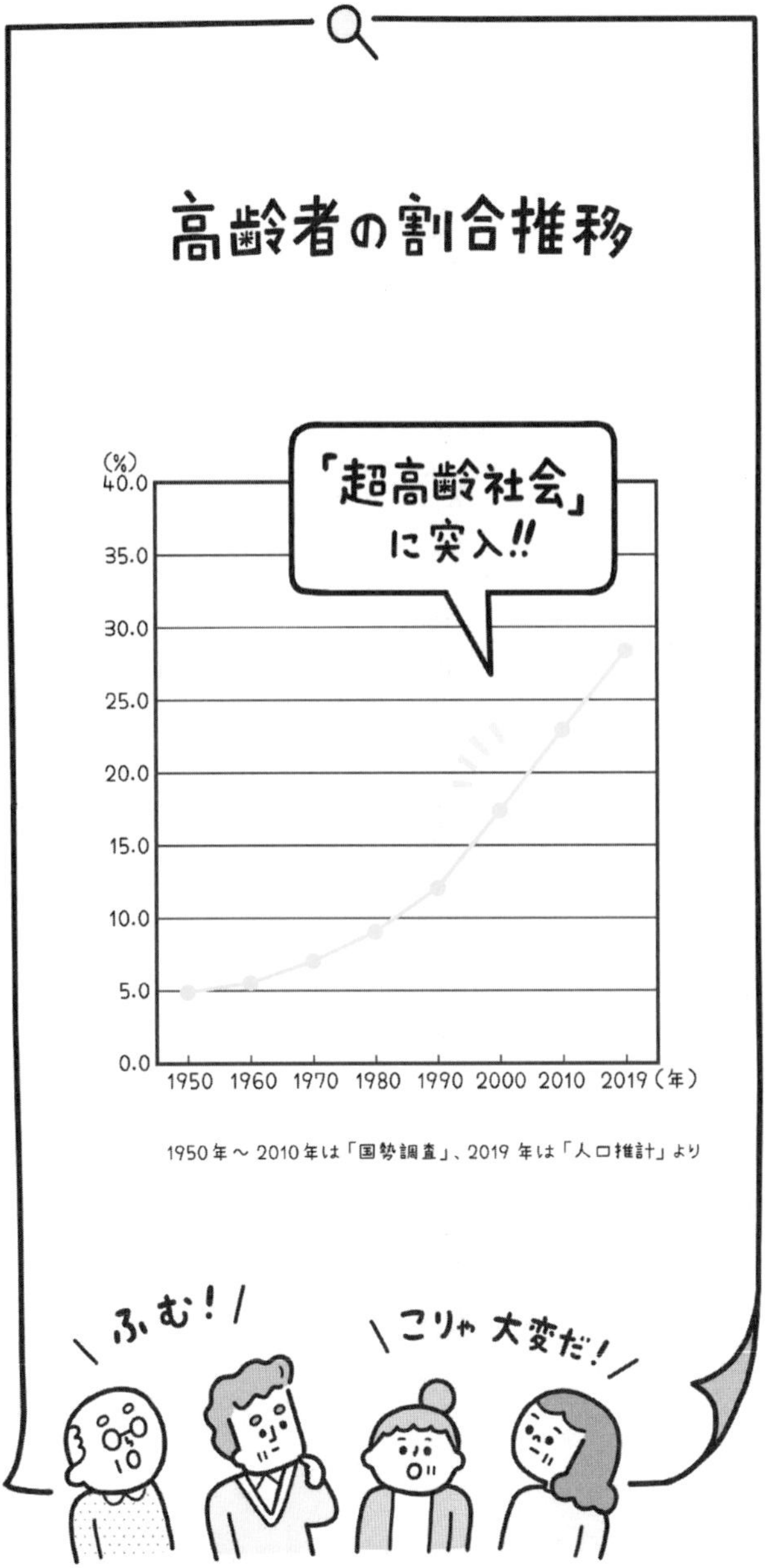
高齢者の割合推移
「超高齢社会」に突入!!
(%)
40.0
35.0
30.0
25.0
20.0
15.0
10.0
5.0
0.0
1950 1960 1970 1980 1990 2000 2010 2019（年）
1950年～2010年は「国勢調査」、2019年は「人口推計」より
ふむ!
こりゃ大変だ!

って、生活に余裕ができたこと、食生活が改善されたことも背景としてある。

だが、**より根本的な原因は、出生率の低下**にある。出生率が低下したために、子どもの数が減っており、高齢者の割合が高くなっているわけだ。今はひとりっ子が多く、きょうだいがふたり以上いる家は少ない。3人以上きょうだいがいると、子どもの多さに驚くほどだ。

出生率はなぜ低下したのか?

女性の社会進出、子育てを支える仕組みの不十分さ

では、なぜ、出生率が低下したのだろう。ひとつの原因として、社会の中の格差拡大による貧困層の拡大が考えられる。近年では、正社員になれなくて収入が安定しないために、結婚しようにも結婚できずにいる人や、子どもをつくれずにいる家庭も多い。しかし、出生率低下の最も大きな原因は、**女性の社会進出が進む一方で、**

子育てと仕事の両立を支える仕組みが十分に整備されていないことにあると考えられる。

かつては、女性は家のために子どもを産むのが当然とみなされていた。それに、子どもが多いほうが家の繁栄につながると考えられていたので、どの家も子だくさんだった。子どもがたくさんいるほうが労働力にもなるので喜ばれた。その頃は、子どもが5人、10人というのも珍しくなかった。

その後、女性にも男性と同じように働く権利が認められるようになった。今では、男性以上の社会的地位や収入を得ている女性も少なくない。それ自体は、女性の地位の向上という面から望ましいことだといえる。また、性別に関係なく、さまざまな能力と意欲を持った人々が社会を支えてくれることにもなる。

しかし、その反面、子どもを多く持つ家庭は少なくなった。共働きの家庭で子どもを多く産み育てることは、現状では簡単なことではないからだ。

特に、性別役割分業の風潮が根強く残っているため、子育てと仕事の両立については女性の側が困難に直面することが多い。保育施設や保育士が足りていない自治体も多く、結婚して子どもを産むと、仕事を辞めなければいけなくなる場合もある。

一度仕事を辞めてしまうと、その後また仕事に復帰しようとしても、前の仕事は続けられなくなる可能性がある。

また、子どもを産むにしても、ひとりかふたりまで、という家庭が多くなっている。そのほうがひとりに教育費をかけられるので、子どものためにもなると考える人たちもいる。あるいは、そもそも経済的な面でもそのほかの面でも、これ以上多くの子どもを育てる余裕がないということもある。

このように、現在の日本では、働きながら子育てをする世代を支える制度も社会環境も整っていないので、子どもを産みたいと思ってもなかなか産めない状況にある。しかも、経済的な困難を背景として、未婚のままや結婚しても子どもを持てない人々が増えている。

少子高齢化はどんな問題を生み出すか？①

経済や社会保障を維持できなくなる

では、少子高齢化が進むと、どんな問題が出てくるだろうか。**最も深刻なのは経済的な面**だ。

若者が減るので生産力が落ちる。労働力も不足する。それに、高齢者が増えて労働者は減るわけだから、経済成長率が大幅に鈍る。国の活力がなくなる。また、人口が減って消費力も落ちるので、物が売れなくなる。当然のことだが、若者を対象にする商品が売れなくなる。入学する子どもが減るので、学校も減らさざるを得なくなる。人が減るので、物が売れなくなって、多くの企業が倒産する恐れがある。人口が減るわけだから、家を買う人も借りる人も減る。空き家が増えてくる。日本全体がゴーストタウンのようになってしまいかねない。つまり、日本の経済が立ち行かなくなってしまう恐れがあるわけだ。

また、社会保障の面では、**公的年金の問題**がある。公的年金とは、国が運営する年金のことで、現在、日本では「国民皆年金」がとられ、20歳以上60歳未満のすべての国民が公的年金に加入することが決められている。働いているうちにお金を積み立て、老後になって、収入がなくなったら、それまで掛けたお金に応じて、年金をもらって生涯暮らしていくことになる。

ところで、この年金制度は、現役世代の掛け金を高齢者の年金に使う仕組みになっている。つまり、現役の人が将来の年金のために支払っているお金が、現在の高齢者の年金に使われているわけだ。

この年金制度ができたのは1960年代で、その頃は人口がだんだんと増えていた。しかも平均寿命が70歳そこそこだった。だから、そのような仕組みが成り立った。ひとりの高齢者を何人もの現役の人が支える形になっていた。高齢者は、もし年金をもらい始めてすぐに亡くなってしまうと、自分の掛けた年金額のすべてをもらえないまま終わった。長生きする人は、自分の掛けた年金額よりもたくさんのお金をもらうことができた。

ところが、平均寿命が延びてきた。女性の平均寿命は90歳に近づき、男性も80歳を超えている。しかも、若者の数が減っている。4人にひとり以上が高齢者ということになっている。そうなると、現役世代が支払う年金の掛け金で高齢者の年金をまかなうことが難しくなっている。そのうえ、多くの高齢者のもらっている年金も、かろうじて生活できるレベルであって、場合によっては生活保護を受けなければ成り立たないくらいの年金しかもらえない人も多い。

このままでは年金制度が成り立たなくなる恐れがあるだけでなく、たくさんの高齢者が生活できなくなり、貧しい生活を強いられることになりかねない。

これからどのようにして、社会を成り立たせるか、年金制度を維持するか、大きな問題として残されている。高齢化、そして人口減少はこのような深刻な問題をもたらしているわけだ。

また、社会保障に関しては、高齢者の介護も問題になってくる。高齢者の割合が増えると、寝たきりや認知症などになって、介護が必要になる人も多くなる。現在では介護保険法によって高齢化に対する制度が整えられてきた。

介護保険法というのは、高齢者の介護を家族だけに任せるのではなく、政府や自治体も分担しようという制度だ。地方自治体が主体となって、高齢者の状況によって介護が必要かどうか、必要ならばどの程度の介護が必要かを認定し、実際の介護は企業が行っている。

もちろん、この制度によって家族は介護の負担が少なくてすむようになったので、好ましい面は多い。

それ以前、家族が介護をする場合、女性が実際の介護に当たることが多かったので、介護のために女性の自由な時間が奪われることが多かった。多くの女性が外にも出られず、自分の時間も持てず、大きな負担を抱えていた。だが、だからといって病院に任せていたのでは、高齢者が不満を持つことが多かった。どうしても介護が事務的になって、高齢者のしてほしいことをしてあげられない。その意味では、専門家が介護に当たることを可能にした介護保険の意義は大きい。しかし、手放しで喜べるわけではない。

介護が必要かどうか、どの程度の介護が必要かの認定が自治体に任せられているために、認定をめぐってさまざまな問題や不満が起こっている。どうしても、自治体によって考え方に差が出ることもある。不平等も生じる。

そして、何よりも介護士の不足が社会問題になっている。保険料だけでは介護に対する十分な報酬をまかなうことができない。そのため、介護士の多くが低い給与に甘んじており、使命感と義務感によってかろうじて働く意欲を維持していると言われる。当然のことながら、介護士を目指す人は減り、介護士になっても辞めてしまう人が多い。介護保険制度を健全にするためにも、このような状況を改善する必要がある。

少子高齢化はどんな問題を生み出すか？②

日常生活が困難になる人々が出てくる

社会の中で高齢者の割合が増えるにしたがって、経済以外にもさまざまな問題が起こっている。

最も大きな問題は、**高齢者夫婦の世帯や一人暮らしの高齢者の世帯が増えている**ことだ。

多くの人が農業に従事していた時代には、長男夫婦とその子どもたちが大家族で同居するのが一般的だった。だが、現在では核家族化して、子どもたちは成人すると親の家庭から出て行って、自分の家庭を作る。親が高齢になると子どもが引き取ることも多いが、子どもが離れた土地に生活基盤を持ってしまうと、高齢者は子どもと離れて、自分たちだけで暮らすことになる。しかも、高齢者夫婦の片方が亡くなっていると、高齢者の一人世帯ということになる。また、現在の高齢者の中には、独身を通したり、離婚などによって一人暮らしをしたりしている人も多い。

高齢者世帯では、しばしば「買い物難民」と呼ばれる状況に陥る。買い物難民とは、買い物に行けない人のことを言う。以前は、住宅地に商店街があって、多く

ショッピングモールオープン！
車がないと買い物に行けないのう…
高齢者の一人世帯

意見例

の人はそこで買い物をしていた。ところが、近年は郊外型の大型スーパーやショッピングモールが増えて、車を使って遠くまで行って大量に買い物をするようになっている。そのため、車の運転のできない高齢者は生活用品を買うことができなくなる。歩いて行くには遠すぎる。

このような状況を避けるために、高齢者世帯を支える制度を充実させていく必要がある。高齢者支援センター（地域包括支援センター）などが中心となって、地域の職員やボランティアが高齢者の家を訪問し、ときどき、困ったことがないかを尋ねて手助けする、などの取り組みがすでに行われてきている。

また買い物難民対策として、宅配を進めるという方法もある。電話やインターネットで注文し、それをスーパーやコンビニなどが自宅まで運ぶようにするわけだ。そうした整備をすることによって、お店も客を増やすことができ、高齢者も買い物をすることができるようになる。

それと関連して、**高齢者の運転免許証の返納**も問題になっている。

近年、高齢者の交通事故が問題になっている。ブレーキとアクセルの踏み間違いがその大きな原因だと言われている。「高齢者は判断に時間がかかり、認知症になっていても自覚がなく運転してしまって、事故を起こすことになる。そのため、ある程度以上の年齢になったら、強制的に運転免許証を取り上げるか、あるいは新たに試験を課して合格者だけに免許を与えるようにするべきだ」といった議論がなされている。

意見例

とはいえ、免許を失うと生活が成り立たなくなる高齢者も少なくない。過疎地に住む人を中心に、車を運転できないと病院への通院や買い物といった生活に不可欠なことができなくなる人も多いだろう。したがって、**車を運転できない高齢者が不自由にならないように、できるだけの移動手段を公共交通システムによって作り出す必要がある。**それを完備しないと、違反をして一層危険な運転をする高齢者が後を絶たないだろう。

少子高齢化問題にどう取り組むか？

新たな労働力を生み出していく必要がある

意見例

では、少子高齢化の問題をどうするか。まず考えられるのは、少しでも少子化を防ぎ、人口減少を食い止めることだ。

出生率を高めるために、託児所を完備したり、一度出産のために退職しても、子育ての後に復職できる制度を広めたりするなど、子どもを産みやすい環境を作る必要がある。

また、これまでのように女性だけが育児をするという形ではなく、**男性も育児に参加する形が望まれる。**そのために、男性も育児休暇を取得しやすい風土を作ることも考慮すべきだろう。そして、**社会全体で子育て世代を支えていこうという考えを広めるのも大事なことだ。**

しかし、これから出生率を高められる可能性は薄いと見られている。社会の意識が昔と同じようになって、子どもを何人も持ちたがる家庭が大幅に増えるとは考えられないからだ。それに、地球の人口は爆発的に増えて、そのうち、食料が不足すると考えられている。だから、地球規模で考えれば、人口がある程度減っていくのは悪いことばかりとも言い切れない。

意見例

そこで、**出生率を無理に高めることよりも、当面は少子高齢社会に向き合っていく方法を探るほうが現実的だ。そのための最大の手段として、新たな労働力を生み出していくことが考えられる。**

まず挙げられるのが、**女性の社会進出を促進すること**だ。つまり、ある意味では女性の社会進出がひとつのきっかけとなって少子高齢社会がもたらされたのだが、その女性の社会進出によって少子高齢社会を乗り切るわけだ。

たとえば、スウェーデンでは、高齢化によって弱まった経済力を元に戻すために女性の労働力に頼って、極端な高齢化を乗り切ろうとしている。それと同じように、子育てを終えた女性が職場に戻りやすいようにするわけだ。

また、**高齢者の労働力を当てにする**のも、考える必要のある方法だ。今、ほとんどの企業の社員は60歳から65歳までの間に定年を迎える。ところが、今の65歳は若々しい。まだ十分に働ける。本人も働きたがっていることが多い。そこで、定年を70

歳、または75歳に延長したり、再就職をしやすくしたりして、高齢者に働いてもらうわけだ。そして、年金を受け取る時期を、今よりも遅らせて、75歳以降にするという案も出されている。

今はまだ、再就職というと、一部で否定的なイメージも残っている。一流会社で活躍していた人が、責任のない仕事しか見つからないために、働く意欲をなくす場合もある。そうしたイメージをなくし、高齢者がやりがいを感じながら働き続けられるように、企業も政府も工夫をする必要があるだろう。

また、今のハイテク機器は、まだまだ操作が難しいと感じる高齢者もいるだろう。高齢者にも使いやすい、操作の簡単なハイテク機器を開発すれば、体の不自由な高齢者でも、家で仕事ができるようになる。

もうひとつ、少子高齢化の問題点を解決するために議論されていることがある。**外国人の力を借りること**だ。日本では、2019年4月から単純労働の分野でも外国人労働者の受け入れを開始したが、もちろんそれ以前からもいろいろな分野で外国人が働いている。その数は、2018年10月末時点ですでに約146万人にのぼり、ほぼ毎年増加している。労働力人口が減少する中で、人手不足になっている業界を外国人労働者に支えてもらい、日本の経済を発展させていこうというのが政府の考え方だ。

しかし、外国人をあくまでも一時的な労働力として受け入れるのか、それとも移民として本格的に受け入れていくべきかについては、まだ社会的な合意に達していない。いずれにしても、少子高齢化問題への対策として外国人労働者に頼るなら、数十年先を見据えながら長期的な視野で考えていく必要がある（詳しくは「グローバル化」の章を参照）。

少子高齢化の中で政治をどうすべきか？

「シルバー民主主義」を乗り越える

もうひとつ、高齢者が増えることで懸念されていることがある。高齢者が大きな発言権を持つようになる「シルバー民主主義」という現象が起こることが考えられるのだ。

高齢者は若者よりも政治に関心を持ち、しかも自由な時間を持っているので、選挙に参加することが多い。若者は仕事で忙しかったり、政治に無関心だったりで、投票しない人が多い。そうなると、人数が多く、**投票率の高い高齢者の意向で政治が決まっていくことになる。**

高齢者は、自分が生きていない30年後、50年後のことをあまり考える必要がない。どうしても目先に関心を持ってしまう。ましてや、自分の年金が減らされてもよいので、将来の日本を安定させようと思う人はそれほど多くないかもしれない。結果的に、政治が若者よりも高齢者に都合のよいものになってしまう恐れがある。

これを防ぐには高齢者に自分のことばかりでなく、自分たちの世代の責任として未来のことも考えるようになってもらう必要がある。

そもそも、人間は必ずしも自分自身の利益ばかりを考える生き物ではない。高齢者であっても、自分の子どもや孫の世代のことを心配し、利他的な行動を取ることは十分にあり得る。実際に世代間にどれほどの格差が出てくるのか、今の若い世代がどういった状況の中で生きているのか、社会全体で問題を共有していくことが大切だ。たとえば、少し前から、子どもの貧困問題が報道されることも多くなり（詳しくは「教育」の章を参照）、未来の世代のために行動を起こし始めている人たちもいる。

意見例

また、**若い人たちが政治に関心を持って、高齢者にだけ好都合な政治にならないように主張をする必要もある。**実際のところ、若い世代が政治参加に積極的でないために不利になっているのは、自分たち自身が招いている結果だとも言える。２０１７年に出されたある試算では、20〜49歳の若年世代の１％が投票を棄権すると、年間13万５０００円損をすることになるという。投票率そのものは、自分たちの努力で向上させていくこともできるはずだ。

ただ、若者の政治への無関心は、教育の責任による部分も大きい。長い間、学校教育では政治的な内容を学ばせることを意図的に避けていたところがある。現実の政治に関する内容を扱うと、中立性に欠けているとして厳しい批判を受けるリスクがあり、結果的に政治教育そのものが行われないようになっていたからだ。政治から遠ざけられながら大人になり、急に選挙権を持つようになっても、関心を持って政治に向き合うことは難しい。

意見例

しかし、2015年には選挙権年齢が20歳以上から18歳以上に引き下げられた。その頃から国の方針にも変化があり、模擬選挙を行うなど、政治について学ぶ機会を作る学校が増えつつある。こうした取り組みを続けていくことで、若い世代が今よりも政治に関わりを持つようになることが期待されている。最終的には、**世代間で対立するのではなく、あらゆる世代の利益が守られるように、社会全体の政治意識を高めていくことが求められる。**

Check!

「少子高齢化・人口減少」

関連キーワード集

高齢化社会・高齢社会・超高齢社会

人口に占める高齢者（65歳以上）の割合が7％を超えている状態を高齢化社会と言う。同様に、14％を超えると高齢社会、21％を超えると超高齢社会と呼ばれる。

合計特殊出生率

ひとりの女性が一生涯に平均して何人の子どもを産むかを表した数値。15歳から49歳までの年齢別出生率を合計して算出する。人口を維持できる水準は2.07とされる。

性別役割分業

性別によって、役割や労働に違いがあること。近代の家庭像について「夫は仕事、妻は家庭」という根強い分業意識があり、男女平等の観点から批判の対象となってきた。

国民皆年金

すべての国民が何らかの公的年金制度に加入していること。日本では、20～59歳の全国民が毎月保険料を納め、原則的には65歳から年金を受け取る仕組みになっている。

買い物難民（買い物弱者）

商店の撤退・廃業や交通網の弱体化により、食料品や生活必需品の買い物が困難な状況に置かれている人々。少子高齢化や過疎化を背景として、こうした人々が増加している。

生産年齢人口・労働力人口

年齢別人口のうち、生産活動の中核をなす15歳以上65歳未満の人口層を生産年齢人口と言う。その中で、労働の意思と能力を持っている人口を労働力人口と言う。

Theme3

頻出テーマ

3

環境・科学技術

Check!

要点をつかむ

「環境・科学技術」

「環境問題」は、小論文のおきまりの問題と言っても言い過ぎではない。これに関する問題は毎年あちこちの大学で、文系・理系を問わず主題されてきた。「これからは環境のことを考えなければいけない」などというきれいごとだけですまさないように、しっかりとした知識と視点を身に付けておく必要がある。また、科学技術に関しては、AI（人工知能）をテーマとする出題が非常に多くなっている。

このテーマのPOINT

着眼点 どんな環境問題が注目されているか？

- 地球温暖化をはじめとして、地球規模で生じている環境問題については、基本的な知識を持っておく必要がある。
- 環境問題と科学技術との関連では、エネルギー問題が問われることもあるので、原子力発電を含めた日本のエネルギー事情についても理解しておきたい。

着眼点 科学技術のメリット・デメリットとは？

- 科学技術が進歩することで生じる良い面と悪い面について説明する問題が出題されることもある。
- 社会の中でどのような科学技術が使われているかを意識しつつ、そもそも科学とはどのようなものであるかについて考えておくと、いろいろな出題に対応できる。

着眼点 AI技術の急速な発達

- 最近ではAI（人工知能）が頻出テーマになりつつある。AIについては、映画や小説に登場するような話ではなく、現実の社会で活用されている技術について知識を持っておこう。
- 全体的な出題傾向としては、AIが社会に何をもたらすかについての説明や、人間がAIとどう向き合っていくべきか、といったことが問われやすい。

どんな環境問題が注目されているか？①

地球温暖化・異常気象

地球が直面している最大の環境問題といえば、地球温暖化問題と言えるだろう。

地球温暖化とは、石炭、石油などの化石燃料の使用によって大気中の二酸化炭素の濃度が高まり、温室のように地球を覆って、温暖化させることを言う。これまでも地球は温暖化してきている。

私は九州の大分県日田市という暑いので有名な土地の生まれだ。昔も夏になると、「暑い。暑い」と言って暮らしていた。だが、どう考えても、今のほうが暑い。昔はエアコンなしでいられたが、今はエアコンなしでは熱中症になってしまう。かつて日本の南のほうでしかとれなかった作物が北のほうでもとれ、南のほうでしか聞かれなかった種類のセミの鳴き声が北のほうでも聞こえる。それどころか、東南アジアにしか棲みつかなかった蚊が東京に出没する。このまま温暖化が進むと、2100年には2000年頃と比べて、平均気温が最大4.8℃上昇すると言う。

地球温暖化の影響で起こると懸念されているのは、まず海岸線の水没だ。南極や北極の氷が解けたり海水が膨張したりして、海面が上昇して低い土地が海中に没することになる。南太平洋にあるツバルという島国は、このままでいくと島全体が水没することになりかねない。

そればかりか、世界中の大都市はほとんど海岸沿いにあり、海水面が上昇すると多くの都市が水没することになる。しかも、気温がそれだけ上昇すると、植物分布が変わって、これまで収穫できていた農作物がとれなくなる。

近年、「これまで経験したことのない豪雨」「50年に一度の豪雨」などが頻繁に起こっているが、このような異常気象も温暖化と関係があると言われている。温暖化のために気象状態が不安定になってさまざまな異常気象を引き起こしていると考えられる。

これらを根本から解決するのは難しい。だが、これ以上、温暖化が進まないようにする方法を考えることはできる。そのために、2015年にパリで行われた国際会議で「パリ協定」が合意され、世界中の主要排出国が参加して、排出量を減らすための努力目標が具体的に定められた。これには、それまで先進国の取り決める排出目標に否定的だった中国も参加したので、その実効性が期待されている。

ところが、2017年にアメリカ合衆国のトランプ大統領はアメリカ第一主義を盾にして、経済発展を阻みかねないことから二酸化炭素の排出削減に反対し、パリ協定からの離脱を宣言した。世界第2位の排出国であるアメリカを失っても、目標を達成できるか、それとも地球温暖化対策は暗礁に乗り上げてしまうのか、これからの先進国の取り組みが待たれる。

どんな環境問題が注目されているか？②

放射能漏れにより直面したエネルギー問題

地球温暖化問題を解決する手段のひとつとして期待されていたのが原子力発電だ。火力発電では、石油や石炭、天然ガスを燃やして発電している。そのため、大気中の二酸化炭素が増え、温室効果によって地球を取り囲む大気の温度が上がっていくと言われている。しかし、原子力発電にすれば、化石燃料を燃やすわけではないので、そのようなことにはならない。地球温暖化を防ぐためにも原子力発電に切り替えるほうがよいのだとされた。原子力発電所を適切に管理していれば、安全に運用できて、さまざまな利点をもたらすはずだった。

ところが、**その原子力発電は、地球環境に関わる別の重大問題を引き起こす不安を抱えている。**

２０１１年3月11日、日本全土を揺り動かす大地震、そして、それに伴う大津波が起こり、１万５０００人を超す死者、２５００人を超す行方不明者を出し、東北地方の太平洋沿岸に壊滅的な被害をもたらした。しかし、これにはもうひとつ大きな被害があった。それが東京電力福島第一原子力発電所による放射能漏れ事故だった。

原子力発電所が津波に襲われたことで、すべての電源が失われ、原子炉を冷却できなくなって、炉心溶融（メルトダウン）が起きて爆発し、史上まれにみる規模で放射性物質が漏れたのだった。関係者の必死の努力によって、避難地域は発電所の周囲30キロメートル程度のところにとどめられたが、一時期は爆発場所から数百キロ離れた東北や関東の多くの広い地域でも、人が住めなくなることが心配されるほどだった。避難地域に指定された地区の人々は、被災から9年以上たっても、まだいつ自宅に戻れるのかわからない状態が続いている。

福島の事故が起こる前まで、原子力発電は絶対に安全であり、うまく扱うことによって、クリーンなエネルギーを作り出すことができると考えられていた。だが、それが神話だったことが証明された。

事故によって放出される放射性物質の影響は、それを引き起こした一国の中だけで収まるものではない。実際に、福島第一原子力発電所から放出されたと見られる放射性物質が、遠く離れたカナダ西海岸の海水などからも検出されている。原子力発電所の事故によって生じる環境問題は、まさに地球規模で考えていかなければならない問題だと言える。

世界には、現在建設中のものを含めて相当数の原子炉がある。それらが地震や津波などの災害、あるいはテロなどによって被害を受けたら、地球は取り返しのつかない損害を受けることになる。慎重がうえにも慎重に原子力発電について考える必要がある。

環境問題は先進国が引き起こしている？

発展途上国のほうが環境破壊が深刻なわけ

　ところで、環境破壊を行っているのが先進国ばかりかというと、そうではない。経済の発展が著しい中国では、工業の廃棄物が原因となって、ＰＭ2.5と呼ばれる超微粒子を含んだ汚染物質が大気中に浮遊し、多くの人々に健康被害を与えている。そのような汚染された大気が中国以外の国にも広がり大問題になっている。同じような問題は、中国以外の国でも起こっている。

　こういった問題は、**途上国の急速な工業化**という問題と関わっている。

　今、途上国ではどんどん人口が増えている。その背景には、子どもをたくさんつくって労働力を増やし、そうすることによって、自分の老後の保障をしてもらおうという考えが根強くある。

　ところが、人口が増えたのに土地は増えない。増えた人口に必要な食糧をまかなうためには、畑を増やさなければならない。そうやって、森を切り拓いて畑にする。

そうすると、どんどんと緑が減って砂漠化してくる。また、人々を豊かにするために、工場を作って工業を発達させようとする。先進国のように、環境破壊をしないような設備を十分に整える余裕はない。こうして、中国やインドや南米などの国々で、土地の開墾のために森林が破壊されて砂漠化し、同時に、工業化が進んで環境汚染が広がっている。

そもそも環境破壊はなぜ起こるのか?

生活の豊かさを求める人間の活動

地球温暖化や放射能漏れに限らず、酸性雨、砂漠化、フロンガスによるオゾン層破壊、環境ホルモン、ダイオキシンなどがこれまでも問題にされてきた。次々と希少生物が絶滅し、人間が危機に陥り、重大な健康被害を受け、地球は生物のすめない星になりつつある。

では、そもそもなぜ環境破壊が起こるのか。

もちろん、誰も好きで環境を破壊しているわけではない。たとえば、私は家を建てた。多くの人が家を持ちたがっている。手に入るのは、野原を切り拓いて作った土地だ。できれば、もっと昔からの高級住宅地がいいが、それは高価で手が出ないので、勤め先に通いやすい郊外の野原や山を切り拓いて作った所に住むことになる。こうして自然を破壊している。

農村部でもそうだ。田舎は産業を作ろうとして努力している。労働人口を大都市に奪われて、農村部は過疎化するばかりだ。それを防ぐために、農村や山にゴルフ場を建設したり観光道路を作ったりする。こうすることによって過疎地に仕事を増やして、過疎化を食い止めようとしているわけだ。ゴルフ場ができると、それに伴って食堂などができる。そうすれば、さまざまな雇用ができる。村の経済が潤うわけだ。

しかも、人間は快適であることを求める。木や草の生えた場所では、動物が出没して危険であり、虫が出て不快だ。そうなると、安心して仕事に励めない。安全で健康に働くことのできる生活を送るためには、動物たちを退治する必要がある。冷暖房も効いていたほうが快適だし、仕事の効率も上がる。そのために自然を遠ざけ、エネルギーを用いて人工的で快適な環境を作り上げていく。そのような環境のほうが売れるので、不動産会社もそのような建物を増やす。人々はそれに飛びつく。そうして、自然を破壊していく。

意見例

要するに、都市も農村も経済中心の考え方が環境破壊をもたらしていると言っていいだろう。自然と調和しながら、まわりの人や動物と仲よく生きるという昔ながらの人間の生活環境を守るよりも、経済的に豊かになって、物質的に満たされて快適に生きていきたいという考え方に、基本的な環境破壊の原因があるわけだ。

科学技術はなぜ環境を破壊するのか？

自然の捉え方、人間のコントロールを超える力

とはいえ、人間による環境破壊を直接引き起こしているのは、科学技術にほかならない。環境破壊が進んでいることの背景には、科学技術の大幅な発展がある。

そもそも科学技術というのは、自然を人間の都合のよいものに変えるものだ。たとえば、最初の科学技術というのは火だが、火は物を燃やして体を温めたり、食物を食べやすくしたりするわけだ。つまり、科学技術はそもそも人間のために自然を破壊するようにできている。

では、なぜ現代社会でそれが大きな問題になっているかと言うと、それまでにないほど大規模に自然が破壊されていくようになり、これが自然の持つ自然浄化力を上回ったためだ。フロンによるオゾン層の破壊、二酸化炭素の増加による地球温暖化、ゴミの焼却時に出るダイオキシンなどが深刻だ。

それだけではない。今では、**科学というものの考え方そのものに環境破壊の原因**

があったのではないかと言われている。

科学というのは、近代になってヨーロッパで生まれた概念だが、科学には、あらゆるものをふたつに分けて、ものごとを分析的に考える傾向がある（このことについては、続巻『読むだけ小論文　法・政治・経済・人文・情報系編』の「科学」の項で詳しく説明する）。それが顕著なのは、世界を人間と自然に分けてしまう考え方だ。

東洋、つまり中国や日本の伝統的な思想では、人間は自然の一部だと考える。自然に囲まれて、自然の中で生きるのが人間であって、人間の幸せというのは、自然の中で生きて、死んだら土になって自然に帰ることだ、と考える。だから、自然との一体感の中で生きている。自然と人間を連続したものと考えている。

ところが、西洋で発展した思考の枠組みでは、自然の捉え方が異なる。自然は人間にとっての脅威であり、人間が改造できるものだと考える。自然をもっと暮らしやすいものに変えるのが人間の知恵であり、科学なのだと考える。

そのような考え方から、人々は人間が自然に囲まれていることを忘れ、自然を人間のために利用しようとして、結果的には破壊がもたらされた。つまり、環境破壊の原因は、人間と自然を対立したものとする科学の考え方にある、というわけだ。も

意見例

ちろん、これは思想上の難しい問題をはらんでいるので、すべてをこれほど単純に理解するわけにはいかない。とはいえ、科学における自然の捉え方は、環境問題について考える際の重要な視点のひとつだと言える。

しかし、環境破壊と科学の関係を考えるうえでもっと重大なのは、現在、科学技術が人間のコントロールを離れてひとり歩きしていることだろう。ひと言で言えば、発達させる必要のないものや人間の役に立たないものまでが次々と作られていることだ。現在生まれてくる技術のほとんどは、経済的な競争などから生まれるだけであって、必ずしも人間の生活に不可欠なものとは言えない。

今では、日本中のほとんどの人がエアコンを使っているだろう。大きな建物やお店などでは、一年中、エアコンがかかっている。昔の人なら十分に耐えられた気温でもエアコンをつける。窓を開けさえすれば涼しくなるのに、ずっと閉め切ったままでエアコンに頼る人もおおぜいいるようだ。まさしくエアコンに依存した生活を送っている。

しかも、夏に多くの家でエアコンをつけると、熱い空気が室外に出て、外はますます暑くなる。近年、日本の都市部の多くで夜になっても25度を超える熱帯夜が数十日続くようになったが、それは、多くの家でエアコンをつけていることにも原因があるだろう。だが、熱帯夜が続くと、健康な生活を送るためにも、エアコンをつけざるを得なくなる。むしろ、科学技術でエアコンを作ったために、ますます世界の気温が上がって、エアコン依存を強めている。もっとはっきり言えば、人間が作ったはずのエアコンのために、人間が振り回されている。

近年、大きな問題になっているバイオテクノロジーにも同じ問題がある。ニンジンと大根をかけ合わせて新しい植物を作る、という程度なら問題はない。おもしろがっていればすむ。それに、これからの人口爆発に対応するには、バイオテクノロジーによって食糧生産を増やすことが必要になってくるだろう。

だが、現在の技術水準では、もっとずっと危険なことも起こり得る。バイオテクノロジーによって、恐ろしい化学兵器が作られる可能性もある。第二次世界大戦中に、日本軍はコレラ菌を中国にばらまこうとしたと言われているが、それと同じような、そしてもっと恐ろしいことが現代の科学技術によって可能になる。それがテロに使われるかもしれない。

悪意があるとは限らない。食糧の増産のため、効率的な農業のため、あるいは人間の健康のためにバイオテクノロジーを用いた結果、人間が予想もしなかった事態をもたらし、大きな病気や環境汚染をまきちらさないとも限らない。現在の科学技術は、そのようなことが起こってもおかしくない状況になっている。

２０１１年3月11日に起こった原子力発電所の事故は、そうした状況を最も端的に示すものだった。

それ以前、この原子力発電所を管理運営する東京電力は、原子力発電所は絶対に安全であって、地震や津波が来ても耐えられると断言してきた。想定されるすべての危険に対して備えているので、放射能漏れなどはあり得ないとして、原子力発電所の開発を進めてきた。政府もそれを後押しして、政策を進めた。

原子力発電所を開発すると、安く、大量の電力を得られるはずだった。日本ではこれからますます大量の電力が必要になる。これまでのように火力に頼っていては、政情が不安定な中東で紛争が起こったときに石油の輸入ができなくなると、電気を作れなくなる。しかも、原子力発電は、地球温暖化を阻止する大きな手段とされていた。

ところが、想定以上の津波が押し寄せたことによって、原子力発電所は大きな被害を受けた。処理を誤っていたら、日本中が取り返しのつかないことになったかもしれない。これからも、東日本大震災以上の災害が起こらないとも限らない。あるいは、テロの標的にならないとも限らない。万が一、原子力発電所に飛行機が落ちたり、隕石が落ちたりしたら、日本全体が破滅してしまいかねない。

要するに、科学技術は、人間のコントロール下にありさえすれば、どんなに高度になっても、人間の役に立たせることができる。ところが、いったん人間のコントロールを離れ、ひとり歩きするようになると、むしろ人間をコントロールしてしまうことになるわけだ。環境破壊は、人間が科学技術をコントロールできなくなって、手に負えない技術を開発してしまい、むしろそのしっぺ返しを受けたという証拠と考えていいだろう。

環境問題にどう向き合っていくべきか？

持続可能な社会を目指して

では、これらの問題をどうするか。

環境問題に向き合っていくためには、考えなければならないことがたくさんある。現在の豊かさのために自然を利用しながら、将来の世代のためにどれだけ地球環境を維持できるか。過度な開発による環境破壊を反省し始めた先進国と、今以上に開発を進めたい途上国との対立・格差をどう乗り越えるか。

こうした状況の中で、国連によって提示されたのが「**持続可能な開発**」という理念だ。これは、経済のあり方や人々のライフスタイルなどを根本から見直し、自然環境の開発と保全を将来にわたって両立し続ける「持続可能な社会」を実現しようとするものだ。この理念のもと、2015年に国連で開かれたサミットの中で、「**SDGs（持続可能な開発目標）**」が採択された。その中では、「貧困をなくそう」「エネルギーをみんなにそしてクリーンに」「海の豊かさを守ろう」など、17の目標が設定されている。

これまでにも、少しずつではあるが、環境を守るためのさまざまな方策が採られてきた。ただ、環境問題を乗り越えていくためには、対症療法的なものではなく、かなり抜本的な対策も必要になる。たとえば、エネルギー利用の分野で近年期待されているのが、**クリーン・エネルギーの開発**だ。

今、エネルギーの生産には石油、石炭などの化石燃料が主として用いられている。オイルシェールと呼ばれる岩石に含まれる新型の石油の開発が進み、これから必要とされるたくさんの石油が確保されている。だが、石油を燃やすと二酸化炭素を排出して地球温暖化を進めるなど、環境のうえでは問題が多い。原子力については、3・11の事故が原因で、新たに稼働させるのには大きな課題がある。こうしたことから、もっと安全で安いエネルギーの開発が望まれている。そうした開発が進めば、貧しい国でもクリーンなエネルギーを使って、環境を守ることができる。

クリーンなエネルギーとして期待されているものに、太陽光、地熱、風力、バイオマス（植物などを燃やしたりガス化したりして発電を行う）などがある。これらはすでにある程度実用化され、実績をあげているが、最も期待が大きいのは太陽光だ。太陽

意見例

光はどこの国にも限りなくある。これをエネルギーにできれば無尽蔵だ。

しかし、現在のところ、太陽光エネルギーによって十分な電力を発電できずにいる。屋根いっぱいに太陽電池を取り付けて、やっと数時間、車が走れるくらいの電力しか発電できない。しかも、コストがかかり過ぎる。とはいえ、もし実用化できれば、これほど安くて大きなエネルギーはない。一刻も早い開発が待たれる。

また、**ゼロ・エミッション（廃棄物ゼロ）**という理想も実現の待たれるところだ。ゼロ・エミッションというのは、生産方法の技術革新や産業間の連携を強化することで、廃棄物などの排出をゼロにしようとする考え方のことだ。たとえば、A工場で廃棄物を出すと、その廃棄物をB工場が使って別の製品を作る。そして、その工場の出した廃棄物をC工場が使う。さらに、その工場の廃棄物をA工場が利用する。そのように循環型にして再利用し、廃棄物をゼロにしてしまおうというわけだ。

しかし、それよりも、もっと現実的なのが、ライフスタイルを改めることだろう。

まず、考えるべきなのは、経済中心の世の中を根本的に見直すことだ。これまで見てきたとおり、人々の暮らしが経済中心だから、さまざまな環境破壊が起きている。モノをたくさん持つことが豊かなこととする現在の考え方を見直して、もっと

意見例

生活の質を重視する、物質文明に捉われない考え方を広める必要がある。

もちろん言うのは簡単だが、物質文明の便利さ、豊かさを知った人々にとって、そんな不便を我慢するのは難しいだろう。今さら、薪でご飯を炊いて電気のない生活をするなど、無理だ。だが、使い捨てをして次々と新しいものを買うのが豊かさだという錯覚を正すことは、それほど難しいことではないはずだ。そして、地球環境を考える企業こそが好ましい企業だという考えを広めることも、難しいはずがない。

そのためには、資源を無駄遣いするのではなく、リサイクルなどによって、資源を大事にする制度を確立する必要がある。

君たちも、学校などで古本や古新聞の回収をしたことがあるだろう。空き缶や空きびんを集めた人も多いだろう。もっとデポジット制度をいろいろなものに取り入れて、空きびんなどを持って行けば、お金を返してもらえるようにするべきなのだ。

現在は、リサイクルによって廃棄物を再利用するより、初めから作ったほうが安くつくために、リサイクルが広まらずにいる。資源を新たに用いると税が重くなるような方法や、リサイクルに補助金を出すなどの方法をとれば、リサイクルはもっと広まるだろう。

意見例

もうひとつ、現実的で有効な方法は、科学技術をもっと人間のために使うことだ。核廃棄物の処理方法を確立する方向に科学技術を進めたり、安全なバイオテクノロジーによって、土地を使わずに工場で食料を作ったり、プラスチックなどのような腐らない容器ではなくて、腐って土に戻る容器を開発したり、微生物を使って生ゴミを処理する装置の開発にもっと力を入れていくべきだ。ただし、バイオテクノロジーなどの技術には危険を伴うものもある。有益と思われたものが、実は有害な物質を排出することも考えられる。したがって、それらが危険な方向に進まないように監視する研究機関を設ける必要もある。

意見例

そして、これからは、やむを得ない場合を除いて、過剰な資源開発はしない、環境破壊はしない、という原則を作るべきだろう。現在は、「環境保護との調和をはかりながら開発すべきだ」という程度で開発が許されている傾向があるが、少なくとも開発を行うときには、十分な環境調査と地元住民との話し合いを前提とする必要がある。

また、発展途上国での環境破壊の問題については、これを食い止めるために、先進国が十分に援助することが望ましい。そのための具体的方法として、現在、プラジルなどでとられているような、環境保全に力を入れるということを条件にして、先進国が発展途上国に援助を行い、途上国で破壊が行われないようにする方法が考えられる。確かに、地球が破滅するところまで汚染を進めたのは先進国なのだから、この方法は先進国の傲慢と言えるが、そんなことを言っていられないほど、今は汚染が進んでいる。

いずれにせよ、現在の環境問題の多くは、一部の人々やひとつの国だけで解決することができない。お互いの利害を調整しながら、どのようにして協力体制を築いていけるかが問われている。また、大きな問題を一気に解決する便利な手段はおそらくない。持続可能な社会の実現といった理念を共有しながら、それぞれの人がそれぞれの持ち場で、具体的な目標を達成していくことが必要になる。そのためには、ESD（詳しくは「教育」の章参照）などの取り組みも欠かせないだろう。

？

AI（人工知能）は人間の暮らしをどう変えるか？

AIに仕事を奪われる？ 予測できない時代

科学技術の発展に関して、近年、大きな問題になっているのがAI（人工知能）だ。AIとは、人間が行っているような思考や判断を行うソフトウェアのことだ。AIは自分で考える能力を持ち、自分で学習していくので、人間があらかじめプログラムしたとおりに動くこれまでのコンピュータと根本的に異なる。AI技術は、人間の生活する社会環境を大きく変えつつある。

これまでに、さまざまな目的に沿ったAIが開発され、AIを搭載したロボット掃除機など、すでに社会のいろいろな場面で力を発揮している。AIが得意としているのは、画像や音などのパターンを認識して、何かの判別を行うことだ。たとえば、早期がんの発見については、すでに人間よりも精度が高くなったという研究結果が発表されている。

では、AIについて、特に何が問題になっているのか。

第一は、人間の仕事が奪われてしまうことだ。これまで、工場労働者や店員、受付、運転手などの職種がAIに取って代わられると考えられていた。が、ジャーナリスト、弁護士、医師といったより高度な専門職も奪われる可能性があると言われている。2015年に発表されたある試算によると、10〜20年後には、日本の労働人口の約49％の仕事がAIによって代替できるようになる可能性があるとされている。

ただし、AIが現在の人間の仕事を奪うにしても、それによって新たな仕事が生まれるので、人間の仕事がなくなることはないという意見もある。実際に、明治時代以降の近代化の中で、人間が行っていた仕事が機械によって代替されるということが起こってきた。結果的に、肉体労働や比較的単純な作業をする人の割合は減ったが、仕事自体がなくなったわけではなく、技術者やサービス業などの仕事をする人が増えていった。

AIによって生じる第二の問題、それは、AIが人間に危害をもたらす可能性があることだ。人間がコンピュータに支配されるという状況は、これまで未来小説や映画などで描かれてきた。ただ、それらのストーリーの中で出てくるような、AI

が反乱を起こして人間を滅ぼすという事態は、少なくとも近い将来には考えにくい。なぜなら、今のところ、ＡＩは決められた目的から外れて別の行動をするということがないからだ。たとえば、将棋用のＡＩが自分の意思で勝手に将棋以外の競技を始めることはない。

ＡＩの危険性について、とりわけ心配されているのはＡＩを使った兵器だ。ＡＩが標的を識別して攻撃する兵器の開発はすでに行われている。特に、アメリカや中国、ロシアなどがＡＩ兵器の実用化を積極的に進めようとしている。これらの国は、「ＡＩのほうが人間よりも優れた判断が可能であり、一般市民の巻き添えを減らすことができる」と主張する。しかし、ＡＩが誤認識を行う可能性は常にあり、機械の不具合によって制御不能になってしまえば、予測していなかったような甚大な被害をもたらすリスクがある。

いずれにせよ、ＡＩ技術の今後の発達を正確に予測することは難しい。かつて、囲碁や将棋でＡＩが人間に勝つのはずっと先のことだと思われていたが、すでにトップレベルのプロ棋士でもＡＩに勝てない時代が到来してしまった。一部では、２０４５年に、ＡＩが人間の能力を超える「技術的特異点（シンギュラリティ）」に到達するとも言われている。しかし、実際にどのような社会が到来するかについては、見解が一致していない。

急速に発達するAI技術とどう向き合うか？

AIをよく理解し、共存していく

それでは、AI技術が急速に発達する社会の中で、私たちは何をしていくべきか。重要なのは、AIのことをよく理解したうえで、AIと上手につき合っていくことだ。

意見例

AIに仕事を奪われないためには、AIが得意なことと苦手なことについて知り、人間ならではの特性を活かすための能力を身に付けるということが考えられる。それによって、AIと人間で役割分担をしていくことができる。

AIは、過去のデータの蓄積から何かを推定することは得意だが、人間のように言語の意味を理解することはできない。人間は、計算能力やデータに基づく予測ではＡＩに劣るが、一般常識などを考慮しながら総合的な判断を行ったり、相手の気持ちやその場の雰囲気を感じ取って行動したりする点では優れている。

たとえば、タクシー業界では、どこに行けば効率よく乗客を見つけられるかを過去のデータから判断するＡＩの導入を開始している。ＡＩによって、天候の変化や周囲で行われているイベントなどの情報をもとに乗客が居そうな場所を予測できるようになっており、長年の経験を持つタクシードライバーでもかなわないところがある。しかし、会話などを通し

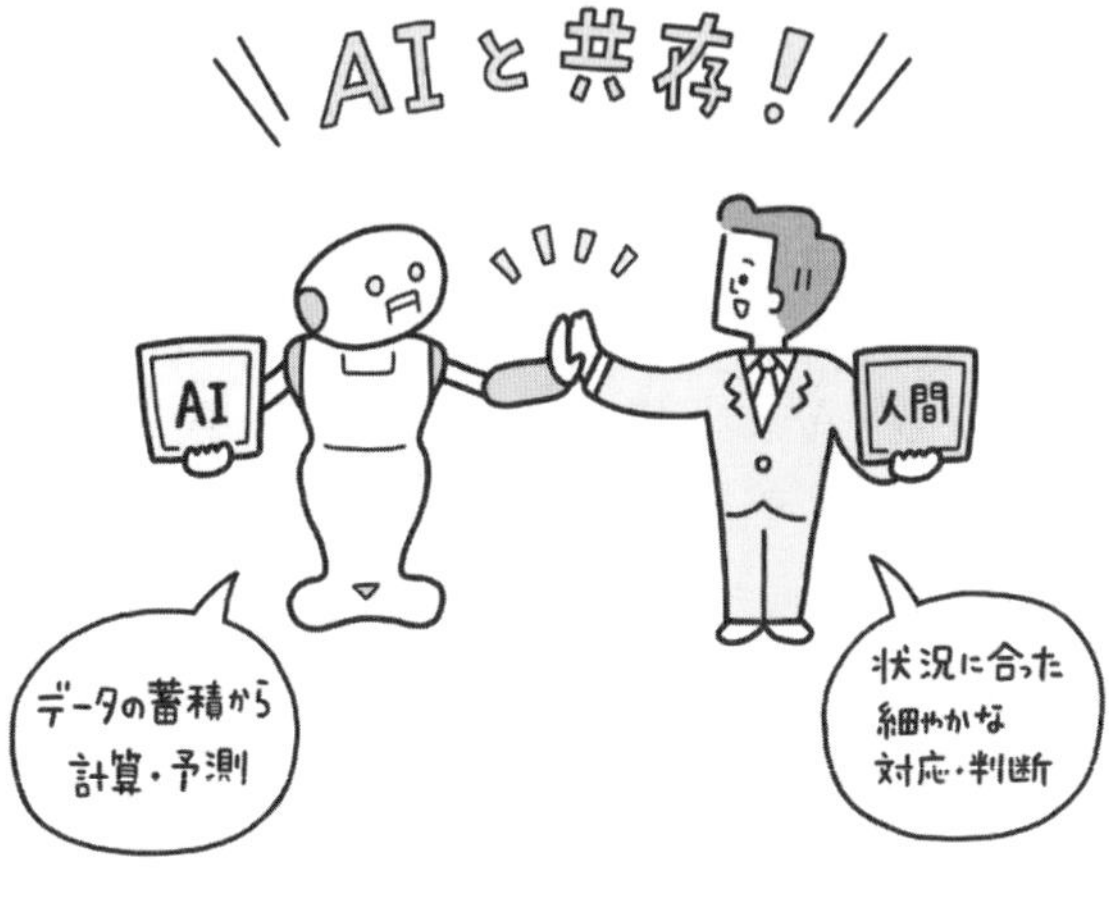

て乗客の様子を見ながら、その乗客に合わせて心のこもったサービスを行うことは、人間にしかできないことだ。

　このように、単純な答えが求められる計算や予測はＡＩに任せて、個別の状況に合った細やかな対応をしていく能力を人間が発揮することで、ＡＩとの共存が可能になると考えられる。つまり、人間の仕事を奪うのではなく、人間の仕事をサポートしてくれるものとして、ＡＩを活用する方法を考えていくということだ。

　そもそも、社会の中でＡＩをどのように活用するかについての判断は、人間にしかできない。ＡＩの正しい使い方をＡＩが教えてくれるわけではないからだ。また、どのような場所でＡＩを使っていくかだけでなく、どのような場合にＡＩを使ってはいけないかも人間が判断しなければならない。

　アメリカでは、犯罪で捕まった人の将来的な再犯の危険性をＡＩによって予測し、それをもとにして判決を言い渡す試みがすでにおこなわれている。しかし、ＡＩの判断によって人間を裁くことに納得がいかないという声も上がっている。また、すでに述べたＡＩ兵器についても、その使用を世界的に禁止すべきだと主張している国がいくつもあり、国際会議の場で話し合いが行われている。

意見例

最後に、AIがもたらす新たな社会環境の中で、人間同士がどのように共存していくべきかということも考えていかなければならない。現在、多くの国や企業の間で、AIの開発や導入をめぐる競争が行われている。将来的に、優秀なAIを持つ者とそうでない者との間で、大きな格差が生まれる可能性もある。さらに、AIが幅広く活用される社会になかなか適応できない人もいるかもしれない。仕事を奪われないために、AIにはない能力を人間が発揮する必要があると述べたが、そうした能力をみんなが同じように伸ばせるとは限らない。

これまでの科学技術が自然環境を破壊してきたように、使い方を誤れば、AI技術が社会環境を大きく歪めてしまう可能性も否定できない。だからこそ、私たち自身がAIのことをよく理解し、一部の人だけではなくすべての人に利益をもたらすことを目指して、AI技術の発達と向き合っていく必要がある。

Check!

「環境・科学技術」

関連キーワード集

温室効果ガス

赤外線を吸収し、その熱によって地球温暖化を引き起こす気体の総称。主なものとして、二酸化炭素、メタン、一酸化二窒素、フロンガスが挙げられる。

バイオテクノロジー

生物の機能や性質を応用する技術のこと。遺伝子組み換えや発酵、品種改良など、幅広い技術が含まれる。バイオロジー（生物学）とテクノロジー（技術）の合成語。

SDGs

Sustainable Development Goals（持続可能な開発目標）の略称。今後15年間で達成すべき世界共通の目標として、２０１５年９月に国連サミットで採択された。

再生可能エネルギー

資源が枯渇することなく、くり返し利用できるエネルギーのこと。主なエネルギー源として、太陽光、風力、水力、地熱、バイオマスなどがある。

ゼロ・エミッション

人間の社会活動や生産活動によって排出されてきた廃棄物をなくし、循環型社会の実現を目指す考え方や運動のこと。１９９４年に国連大学が提唱した。

AI（人工知能）

学習・推論・認識・判断といった、人間の知能による情報処理をコンピュータ上で人工的に再現したもの。近年、AI技術は急速に発達し、第三次AIブームと呼ばれている。

頻出テーマ
4
人権

Check!

要点をつかむ

「人権」

人権そのものが小論文の課題として正面きって出されることはあまりない。だが、「人権」というキーワードを使って考えると、さまざまな問題が明確になってくる。差別問題、ハラスメント問題、実名報道問題、いじめ、死刑廃止論議、ワイドショーなどの有名人のプライバシー問題……すべてが人権とのからみで問題になっている。そう考えると、人権は頻出問題の重要なひとつと言えるだろう。

このテーマのPOINT

着眼点 人権とは何か？

- まず、日本がすべての人の基本的人権を認める民主主義社会だということを理解しておこう。
- 人権とは、人が人である以上、無条件に持っている権利のこと。基本的人権には、自由権や社会権など、いくつもの権利が含まれる。

着眼点 どのような場合に人権が問題になるか？

- 人権侵害の例として、日本社会にあるさまざま差別がテーマになることがある。
- たとえば、性的マイノリティやアイヌ民族をめぐる問題、ハラスメント問題など、特に最近注目されたニュースや制度上の動きがあったものについて、しっかりと押さえておく必要がある。

着眼点 差別問題にどう向き合っていくか？

- 現実に起きている差別問題が具体的に問われることも多い。
- 前提として、日本社会でなぜ差別が根強く残っているのかを理解しておこう。マジョリティ（多数派）にとって、マイノリティ（少数派）の存在は見えにくい状態になっている。

民主主義社会とは何か？

すべての人に基本的人権を認める社会

人権について考えるとき、民主主義社会とは、すべての人の基本的人権が認められている社会だということを頭に入れておくことが必要だ。人権とは、人が人である以上、無条件に持っている権利のことだ。日本のような民主主義社会では、すべての人が生まれながらにして人権を持っていることになっている。

ところが、本当に今の日本でみんなの人権が守られているかというと、そうではない。まず、差別がある。差別というのは、他者の人権を否定することだ。現在も、女性差別、部落差別、外国人差別、障害者差別、性的マイノリティ差別など、さまざまな差別がある。

差別のほかに、公共の福祉と個人の人権という問題がある。つまり、個人を尊重しようとすると、ほかのみんなの利益とぶつかることがある。反対に、社会全体を尊重しようとすると、個人の人権が制限されてしまうこともある。たとえば、みんなの利益のために新しく道路を作ろうとすると、自分の家を手放さなくてはいけない人が出てくるわけだ。民主主義社会とは、公共の福祉と個人の権利の間で、できるだけすべての人に不満が出ないようにする社会と考えていい。

ただし、どれほど公共の福祉のためだろうと、どれほど多くの人の願いだろうと、ひとりでも基本的人権（生命、言論・思想・信仰の自由、平等権など）を侵害される人がいたら、むやみにそれを実行できない、というのが民主主義社会の原則なのだ。どうしても公共の利益のために必要な場合には、「強制執行」ができる場合もあるが、そんなときでも、すべての人の人権が可能な限り守られる必要がある。

女性、いじめ、外国人労働者などについては別の章で扱うとして、ここでは差別と性的マイノリティ、ハラスメント問題、実名報道問題、死刑廃止論についてだけ扱うことにする。

なぜ差別が根強く残っているのか？

日本社会で意識されにくい差別問題

では、まず差別から考えていこう。

日本には差別がない、と言う人もいる。しかし、ある意味で、そういう主張こそが最も悪質であって、差別がいつまでも残り続ける原因になっている。そういう主張をする人は差別の実態を知らず、差別という厳然たる事実を見ないでいるからだ。

差別問題の難しいところは、**差別している人間が差別していることを意識していないことが多い**ということだ。ずっと前のことだが、ある新聞の投書欄に、「私は工場で働く外国人労働者をかわいがっている。彼らは日本人と変わらないくらいいい子たちだ。それで、フィリピン人たちに、一郎、二郎、三郎、四郎、五郎、六郎という名をつけている」という、小さな工場を経営する男性の投書が載ったことがある。

この工場主は自分では善良だと思っているし、おそらく実際に善良な人なのだろう。しかし、フィリピン人に対するこの工場主の態度には、無意識的な差別が含まれている可能性がある。フィリピン人を一郎、二郎と呼ぶこと自体、彼らを個人として尊重しておらず、そこには日本人のほうが優れているという前提が隠れているかもしれないからだ。そうであれば、相手の人権やプライドを少しも考えていないことになる。私はかなり怒りを感じた。

また、「日本人は単一民族だ」という言葉を聞くことがある。だがこれは誤りであって、ここにも差別が混じっている。日本国籍の人の中にはアイヌ民族が含まれる。それを無視することも、差別のひとつの形だ。日本国籍の人の中にはアイヌ民族が含まれ、本来は独自の言語や文化を持つ存在として尊重される権利がある。しかし、実際にはそうした権利が十分に保障されてこなかった。

こうした問題の根本にあるのは、社会の中で力を持っている多数派（マジョリティ）にとって、力を持たない少数派（マイノリティ）の置かれている立場が意識されなくなっているということだ。たとえば、日本人として生きてきた人の多くは、外国人や少数民族がどういう存在であり、日本社会の中でどんな困難を抱えているかを知らずに生きていくことができてしまう。そのため、マイノリティの人権が守られていなくても、マジョリティの側はそれに気付かず、差別はいつまでも放置されることになる。それどころか、マイノリティが自分たちの人権もきちんと保障してほしいと要求すると、そんな特別扱いは許さないと言って怒り出す人たちがいる。

したがって、このような無意識的な差別に気づき、それをなくしていくための取り組みが必要になる。そうしてこそ、民主主義社会のあるべき姿が実現すると考えられる。

意見例

まだ不十分なところも多いが、すべての人々の人権を守っていくための仕組み作りは、新しい法律の制定といった形で少しずつ実現しつつある。たとえば、2013年には「障害者差別解消法」、2016年には「部落差別解消推進法」、2019年にはアイヌ民族を「先住民族」と初めて明記した「アイヌ民族支援法」が成立した。また、在日外国人などに対する差別的な言動（ヘイトスピーチ）が近年問題になってきたが、それをなくしていくための「ヘイトスピーチ解消法」も2016年に成立している。このような制度面での改革は、差別を受けている当事者ができる限り参加する形で進めていくことが望ましい。

ほかにも、差別をなくすための方法として、現在、人権教育が重視されている。各地で、部落差別、外国人差別をなくしていくための教育が行われている。また、公的な場から差別的な用語や表現をなくす運動も広まっている。それらの効果については疑問の声もあるが、こうした働きかけを通してこれまで気付かれてこなかった差別を意識化し、それを解消していくための動きが高まっていくことが期待されている。社会の中に差別が残っている限り、差別をなくすための努力を粘り強く続けていく必要がある。

近年、注目されている人権問題とは？①

性的マイノリティへの差別

近年、話題に上がることの多い人権問題として、**性的マイノリティ（セクシュアルマイノリティ）**への差別がある。性的マイノリティというのは、「性自認」や「性的指向」の面で、社会の少数派に属する人々のことをいう。性自認とは、自分自身の性別をどう思っているかという意識のことで、性的指向とは、恋愛などで魅力を感じる性別の方向性のことだ。

性的マイノリティに含まれる人々を指す代表的な言葉として、「LGBT」がある。Lとは「レズビアン」、つまり女性の同性愛者、Gは「ゲイ」、つまり男性の同性愛者、Bは「バイセクシュアル」、つまり両性愛者を意味する。そして、Tは「トランスジェンダー」、つまり生まれたときの性別とは違う性別で生きる人、生きたいと望む人だ。また、LGBTに当てはまらない性的マイノリティもいる。たとえば、男性・女性のどちらにも性的な魅力を感じない人を「アセクシュアル」と呼ぶことがある。

日本には性的マイノリティと言われる人がどの程度いるのだろうか。調査の仕方によっても違ってくるが、8％程度とされることが多い。ところが、社会では、そのような少数者は無視されている。そのため、一昔前まで、これらの人は「異常」や「病気」とみなされ、笑いものにされたり、あからさまな差別の対象とされたりしてきた。現在では、性的マイノリティの存在を肯定的に受け止める人々も増えてきているが、まだ差別的な風潮は残っている。また、異性と結婚するのが当たり前とみなして、それを前提に成り立っている社会制度が性的マイノリティにとっては苦痛の種になり、人権を認められない要因になっている。

意見例

ところで、自分自身が性的マイノリティだと他者に明かすことを「カミングアウト」という。現実には、家族や友人との関係を保てなくなることを恐れて、カミングアウトをためらう人も多くいると考えられる。一方、特に若い世代では、仲のよい友人から同性愛者であることを告げられたら、「理解したい」「言ってくれてうれしい」と感じる人が過半数を超えているという調査結果もある。しかし、よく考えてみれば、自分の性自認や性的指向をわざわざ意を決して打ち明けなければならない社会というのは、それ自体で差別的な社会だとも言える。

近年、人権意識の高まりのために、こうした少数者の権利も認められるようになってきた。同性同士の結婚が認められる国も増えている。日本では同性婚は法律で認められていないが、たとえば東京都渋谷区などでは、2015年から「パートナーシップ制度」が導入されている。これは、レズビアンやゲイなどの同性カップルが、結婚しているのと同じような関係にあることを証明するための制度だ。このように、**社会のマイノリティの存在が公的に認められていくことで、周囲の人々の見方も変わり、当事者が自信を持って自分らしく生きていくことができるようになる。結果的に、マイノリティの人権が守られることにつながっていくはずだ。**

近年、注目されている人権問題とは？②

さまざまな「ハラスメント」

近年、しばしば社会問題になるのが、ハラスメントの問題だ。その中でも、特に「セクシュアル・ハラスメント」と「パワー・ハラスメント」が大きな問題になることが多い。ハラスメントというのは、他者に対して嫌がらせ行為や不利益な取り扱いをすることだ。

セクシュアル・ハラスメント（セクハラ）とは、性的なことを話したり、行動したりして、他者に対して不快な思いをさせることを言う。パワー・ハラスメント（パワハラ）とは、有利な立場の人間が不利な立場の人間をいじめることを言う。上司が部下を怒鳴り散らしたり、人格否定をしたり、「降格させる」などと脅したりすることなどを指す。

かつては、こうした行為が問題化されず、むしろ被害を受けた側に原因があると見られることも多かった。現在では、職場などで問題になって、加害者の側に厳しい処分が下されることもある。ただ、ハラスメントに対する意識はまだ十分に高まっているとはいえず、自分がハラスメントをしてしまっていることに気付いていないという場合も少なくない。ハラスメントというのはいつでも誰にでも起こり得るものだ。しかも、単なる個人的なトラブルなどではなく、人権侵害なのだということを認識しておく必要がある。

ただ、問題になるのは、セクハラ、パワハラともに、曖昧なケースがある点だ。

たとえば、セクハラについては、好意を持っている人から言われるのと、そうでない人から言われるのとでは、受け取り方がまったく異なる。同じことであっ

ても、好意を持っている人から言われると、恋の告白とみなされてうれしく感じられることであっても、普段から不快に思っている人に言われると、それをセクハラと感じる場合がある。「結婚まだ？」と聞いたり、女性の容貌についてほめたりけなしたりすることもセクハラとみなされることがあるが、実際にハラスメントになるかどうかは言われた側の認識によって変わってくる。

このように曖昧なところが多く、これから議論が重ねられる中で、ハラスメントとされる行為の範囲も変わってくるかもしれない。また、ハラスメントと認識される行為の種類もどんどん増えてきており、セクハラやパワハラのほかにも、「アカデミック・ハラスメント」「マタニティ・ハラスメント」「アルコール・ハラスメント」「モラル・ハラスメント」といった用語が使われるようになっている。いずれにせよ、問題が起きた際には、しっかりと事実確認をしたうえで、個別ケースごとに解決の方向性を探っていく必要がある。

ハラスメントを具体的に規制していこうとする動きはまだ始まったばかりだが、少しずつ前進している。２０１９年には、職場でのパワハラを防止するための法律が成立した。この法律では、パワハラに対する直接の罰則規定はないが、パワハラが常態化して改善が見られない企業は、企業名が公表されることになっている。ともかく、人権に敏感になって、ハラスメントのない社会にしていくのは好ましいことだと言える。**ハラスメントが疑われるような行為があったら、すぐにそれを届けて、事実を審査し、判断する機関を企業などが設けることで、ストレスの少ない社会にしていくことが求められる。**

近年、注目されている人権問題とは？③

犯罪被害者の実名報道

次に犯罪被害者の実名報道問題について考えてみよう。

２０１９年、京都アニメーションの建物が放火され、日本のアニメ界を担っていた35名以上もの人々が殺害されるといういたましい事件が起こった。犯人は逮捕されたが、この事件では犠牲者の氏名がすぐに発表されなかったことでも議論を呼んだ。結局、遺族側の了承が完全に得られないまま、警察は犠牲者氏名を発表したのだった。

一般には、殺人事件などの犯罪の被害者は警察で発表され、実名が報道される。だが、そこにはしばしば問題が起こる。被害者や遺族が人々の好奇心の対象になってしまい、プライバシーが侵害される恐れがある。被害者の過去が暴かれ、その人権が奪われるような報道がこれまでにもなされてきた。とりわけ、性犯罪や残虐な殺人事件などはそのようになる傾向が強い。ただでさえも苦しんでいる遺族は、再び好奇の目や報道に苦しむことになる。しかも、被害者の氏名がわかってもわからなくても、犯罪の事実に変わりはないので、特に氏名を出す必要はないという意見もうなずける。

しかし、まだ特殊な場合を除いて、原則として実名を出すべきだという意見が強い。

その根拠として、まず、名前が出されてこそ、それが真実だという証拠になることが挙げられる。実名で報道されることによって、それを知った人々がその事実を知り、その人物についての情報をもたらす。そうすることによって、報道に真実ではない部分があったら、それが修正される。市民に名前が知られることによって、新しい情報が生まれ、一層正確に事件がわかってくることが考えられる。実名を出さなかったら、間違った情報がそのまま残ったり、場合によっては捏造が放置されたりすることもあるだろう。

また、名前が出されてこそ、多くの人がその人の存在をリアルに考え、犯罪の実態、被害の実態を知り、社会全体で犯罪に立ち向かうことができるとも考えられる。実名を出さず、年齢や性別のみを伝えるだけでは、失った命の重さや事件の重大さを伝えられない、と報道各社も主張している。

現在、ストーカーに対して厳しい取り締まりが行われているのも、かつて桶川市で起こったストーカー殺人事件の被害者の実名が公表され、被害者の悲惨な状況や捜査のずさんな状況が明らかになり、日本社会がストーカー被害に真摯に立ち向かおうというきっかけになったからだった。この事件では、マスコミによる誤った過熱報道も問題になった一方で、記者の取材によって事件の真相が明らかになった。実名が報道されなかったら、被害者の側にも落ち度があるという無責任な噂が立つばかりで、日本全体でストーカー問題を取り上げるきっかけにはならなかったかもしれない。

実名報道については、今後も注目し、考えていく必要があるだろう。

人権をめぐってどんな対立が起きているか?

死刑制度における人権の矛盾

もうひとつ、人権を考えるうえで欠かせないのが死刑廃止問題だ。死刑というのは、人権についての考え方が対立する問題だからだ。

つまり、みんなの利益を考えると凶悪犯は死刑にするほうがよいと言えるかもしれない。しかし、ひとりの人間を死刑にするということは、その人間の最も基本的な生きる権利を奪うということだ。そのどちらを重視するか、というのが死刑廃止問題だ。

最近は死刑廃止論が世界的な傾向で、先進国のほとんどが死刑を廃止している。懲役300年というような判決の出ることはあるが、死刑にはしないという国も多い。

日本も死刑制度を廃止しようという動きがある。だが、反対論も根強い。その点をまず説明することにする。

死刑廃止論の最大の根拠は、国家には人間を殺す権利はないという点につきる。廃止論者の主張はこうだ。

「すべての人の権利を保証するというのが、法の根本理念だ。法は犯罪者の人権も認めている。それを法自身が破ってはいけない。それに、死刑があれば重罪を防げるという意見があるが、死刑があっても犯罪が減るわけではない。人を殺したのだから殺されて当然というのはリンチでしかない。法というのは、そのようなリンチをやめて、理性的に考えるための手続きなのだ。それに、あってはならぬことだが法にも間違いはある。死刑にすると、後に無罪だとわかっても取り返しがつかない。そうしたことから法的に考えれば、死刑を存続すべきではない。」

それに対して、死刑存続論者はこう反論する。

「犯罪者の人権ばかりでなく、その犯罪者によって殺された者の人権を考えなければならない。法には予防的な意味と報復的な意味があるべきだ。死刑は予防としての意味があるだけではない。人を殺して他者の人権を踏みにじったのだから、自分の人権も否定されて当然だ。国家は国民全体の利益のためには、重罪人を殺す権利がある。」

死刑制度をめぐる対立にはいくつもの要素が含まれていて、お互いが納得する結論を出すことは非常に難しい。しかも、人権についての考え方だけに絞ってみても、解決困難な矛盾がある。

死刑廃止論者からすれば、死刑は人権の尊重に反する行為だ。そもそも、人権とは無条件に誰もが持っているものとされている。ということは、仮に殺人を犯したとしても、やはり人権は持ったままだ。そう考えると、重罪人であっても、死刑によって生命を奪われることは人権侵害だと言える。

一方、死刑存続論者にしてみれば、人権を尊重するためにこそ死刑が必要だ。他者の生きる権利を侵害すれば、自分の生きる権利を奪われることになる。そうしたルールがあるからこそ、社会の中で人権が守られていくことになる。

日本の最高裁判所が過去に下した判断では、死刑制度は日本国憲法が定めている生命権の保障と矛盾しないとされている。ただ、これまでの解釈ではそうなっているというだけであって、死刑制度と人権に関する矛盾は、まだ完全に解決したとは言えない。死刑制度に賛成するにしても反対するにしても、人権とは何かについて根本的なところから理解したうえで、しっかりと議論を続けていくことが必要だ。

？民主主義社会をどのように機能させていくか？
ひとりひとりによる社会への参加、裁判員制度

死刑制度に限らず、意見が分かれる問題についていろいろな立場の人々が話し合い、できるだけ納得し合える答えを出していくことが民主主義社会では求められる。すべての人の人権を守っていくためには、そうしたプロセスが不可欠だからだ。逆に、一部の権力者や知識人がものごとを一方的に決定していくような社会は、民主的とはいえない。そこで、司法の側面から社会をよりよいものにしていくために、2009年に導入されたのが**裁判員制度**だ。

裁判員制度というのは、くじで選ばれた20歳以上の一般の国民が重大な刑事裁判で裁判官と一緒に有罪か無罪かを決め、刑の重さも判断する制度だ。それ以前は、罪を判断するのは難しい司法試験に合格した専門の裁判官の役割だったが、この制度が始まってから、一般人が関わるようになったのだ。

この制度には、これまで国民から遠い存在だった司法の世界が身近になり、専門家と一般人の対話を通じて、一般人の健全な常識が裁判に反映されていくというメリットがある。かつては、裁判官が一般人の常識からかけ離れた言葉を使って、常識からかけ離れた判決を下すことがあった。裁判員制度を導入したことで、それが改善され、裁判が一般人の常識に近いものになり、また、国民が自分たちで社会に参加して司法に関わるという意識を高めることにつながった。

だが、この制度にもいくつかの問題点を指摘することができる。第一に、法律の知識のない一般人に人を裁くことができるかという疑問だ。一般の裁判員はどうしても感情にかられたり、マスコミ報道の影響を受けたりする。そうした場合の裁判員による判断の正当性については、さらなる議論の余地があるだろう。

第二に、裁判員に選ばれると、原則として断ることができないが、そのために生活上の負担になる人が増えている。現にそのような負担を訴える人も多いようだ。中には、裁判の過程で目にした殺人現場の残虐な写真などのために、心の傷を負う人もいる。そして第三に、裁判員は裁判に関することを一切誰にも漏らしてはならないことになっているが、それが一般市民にはなかなか難しいという問題もある。

これらの問題について、今後も議論を重ねて、よりよい制度に改めていく必要がありそうだ。ただ、ひとりひとりが物事の決定に参加していくことを通して、民主主義社会の質を維持・向上させていくための取り組みとして、裁判員制度は一定の可能性を持っていると言える。

Check!

「人権」
関連キーワード集

基本的人権
人間が生まれながらに、当然持っている基本的な権利。日本国憲法では、思想や表現の自由などの自由権、生存権を含めた社会権、参政権などが規定されている。

マイノリティ
人種・身体・文化などの差異によって、社会の少数派となる人々。単なる少数派ではなく、社会の中で差別や偏見の対象になりやすい人々を指すことが多い。

LGBT
性的マイノリティの人々を表す略称。Lは「レズビアン」、Gは「ゲイ」、Bは「バイセクシュアル」、Tは「トランスジェンダー」を意味する。

パートナーシップ制度
同性カップルに対して、ふたりの関係が婚姻に相当する関係にあることを公的に認め、地方自治体が証明書を発行する制度。2015年に渋谷区と世田谷区で始まった。

ハラスメント
他者に対する発言や行動で、相手に不利益や不快感を与えること。性別・年齢・身体的特徴などの属性や人格に関するものなど、さまざまな言動による嫌がらせが含まれる。

裁判員制度
抽選で裁判員となった一般市民が刑事裁判に参加し、被告人が有罪かどうか、どのような刑にするかを裁判官とともに決定する制度。司法に市民感覚を反映させる狙いがある。

頻出テーマ

5

教育

Theme 5

Check!

要点をつかむ

「教育」

教育については、いじめ、不登校、虐待、教員の多忙化、入試改革など、数多くの話題が議論されている。教育問題は教育学部だけでなく、さまざまな学部で頻出どころか毎年出題される問題だ。極めて重要なテーマだと言える。たとえ課題は別の問題でも、教育にその背景を求めて、教育がらみで書くこともできる。得意にしておきたいテーマだ。

このテーマのPOINT

着眼点　近年の日本の教育改革

- 2020年度からの新学習指導要領の実施に伴って、日本の教育が大きく変わりつつある。
- 子どもたちの中に、「生きる力」「確かな学力」などを育てていくこと、そのためにアクティブ・ラーニングを取り入れた授業を行っていくことが推進されている。

着眼点　教育改革の背景にある社会の動き

- グローバル化やAI技術の発達など、社会の動きと教育との関係についても押さえておこう。
- 特に、社会が変化していく中で、子どもたちのどんな力を育成すべきか、といったことが問われる。たとえば、近い将来、AIが人間の仕事を奪うと言われているが、それを踏まえてどんな教育が求められるか。

着眼点　どんな教育問題が注目されているか？

- いじめ問題や子どもの貧困問題など、教育に関する特定の問題について、自分の考えを論理的に述べるよう求められることがある。
- 抽象的に一般論を語るのではなく、ニュースで取り上げられている事例などを参考にしながら、具体的に論じられるように準備をしておこう。

着眼点　教師の立場から考える

- 教員養成系の学科では、「あなたが教師だったらどうするか」を問われることも多い。
- たとえば、アクティブ・ラーニングを取り入れながらどんな授業をするか、不登校の子どもがクラスにいたらどう対応するか、といったことを考えておくとよい。

日本の教育はどうなっていくのか？

近年の教育改革とその背景

教育というのは、人々の関心がとても高いテーマのひとつだ。特に、子どもへの教育は、子ども自身の将来を大きく左右するだけでなく、国や社会を維持していくために不可欠のものだと考えられている。

近年、特に大きな話題になったのが、２０２０年度からの新しい学校教育のあり方だ。なぜなら、２０２０年度から実施されている新しい学習指導要領によって、学校教育を大きく変えていくための方針が打ち出されたからだ。学習指導要領とは、学校で教育すべき内容などを国の基準として定めたもので、これに基づいて教科書の中身や各学校のカリキュラムが決められることになる。

学習指導要領はおよそ10年ごとに改訂が重ねられる。最も新しい学習指導要領では、授業に**「主体的・対話的で深い学び」（いわゆるアクティブ・ラーニング）**を積極的に取り入れること、小学校から英語が正式教科になることなど、大きな変更点があ

FUTURE
変化が激しく
先が見えない時代
アクティブ・ラーニング
(主体的・対話的で深い学び)
思考力・表現力・判断力など
実際の生活のなかで知識を
活用していく力が必要とされる

った。なぜ、そうした変更が加えられたかというと、どんどん変化する社会の中でも困ることなく、子どもたちが自分の可能性を発揮していけるようにするためだとされている。

学校教育でどんな力を育成すべきか？

新しい時代に対応した「生きる力」「確かな学力」

これからの学校教育では、子どもたちのどんな力を育てていくべきだろうか。21世紀に入る直前あたりから言われ始めたのが、「生きる力」という考え方だ。

「生きる力」とは、変化の激しいこれからの社会の中で、これまでにはなかった未知の課題にも対応しながら、自立的に生きていくための力のことだ。AIなどの技術の進歩がどんどん加速して、今ある仕事が数十年後にはなくなっているかもしれない。情報化やグローバル化がさらに進行し、自分とはまったく違った価値観や考え方を持った人たちと一緒に、仕事や生活をしていくことになるかもしれない。そんな中でも、試行錯誤を重ね、問題を解決しながら生きていくことがこれからの世代には求められる。

学校生活を通して子どもたちは多くのことを学ぶが、その中でも特に重視されているのが学力を身に付けることだ。では、「生きる力」が求められる時代に身に付けるべき学力とはどんなものだろうか。

以前は、学校で教わる知識をほとんどそのまま暗記して、ペーパーテストで正しい答えを書けることが高く評価されていた。あらかじめ正しい答えや考え方が決まっていて、それを先生や教科書が教えてくれる。子どもたちは、それをそのまま習得していけば、テストや入試でよい点を取ることができた。

だが、これからの時代は、**知識や技能を身に付けるだけではなく、それを実際の生活の中で活用していくための学力**が必要とされている。特に、現実の問題を解決していくための思考力・表現力・判断力がそうした学力の中心になる。それに加えて、自分から興味を持ってどんどん学んでいこうとする主体的な態度を身に付けることも重視されている。これは、「確かな学力」と呼ばれているものだ。

たとえば、理科の授業ではこんな例が紹介されている。授業の中で、教師が枯れたヘチマと成長したヘチマを見せて、子どもたちにいろいろな問いかけをする。子どもたちはふたつのヘチマの違いを言葉で表現しながら、なぜそうした違いが生まれたのかについて考えて仮説を立てる。そのとき、以前アサガオを育てたときに得た経験や知識なども活用していく。そして、仮説を検証するための実験方法を考え、実験結果を言葉やグラフで表現しながら、仮説の正しさを確かめていく。一見難しそうにも思えるが、こうしたことを子どもの発達段階に応じたレベルで行っていけばよい。

このような新しいタイプの学力が重視されているのは、日本だけではなく世界的な傾向だと言ってよい。そのことが顕著に表れているのが、OECDという国際機関が行っているPISA（ピザ）と呼ばれる学力調査だ。PISAは、先進国を中心として15歳（高校1年生）を対象に実施されている学力調査で、3年ごとに各国・地域の学力などを測っている。日本はこの学力調査が開始された2000年からずっとトップクラスの成績を維持しているが、その学力調査で測ろうとしているのが、先に説明したような新しいタイプの学力だ。というよりも、このPISAの影響を受けて、日本でも「確かな学力」のような考え方が重視されるようになった。

ところで、学力について考えるとき、このPISAにも注意すべきところがある。というのも、日本で2002年頃から10年間ほど行われた学校教育は「ゆとり教育」と呼ばれているが、ちょうどその初め頃にPISAで日本の国際順位や平均得点がある程度下がり、「ゆとり教育のせいで学力が低下した」「ゆとり世代は学力が低い」と言われるようになった。しかし、今ではそれは間違いであったということが明らかになってきている。改めて調査データを注意深く見ると、むしろ「ゆとり教育」を長く受けた世代ほど得点が上がっていたり、PISAの調査問題の設計に問題があったりしたことがわかってきたためだ。

国際的な学力調査で順位や点数が上がった、あるいは下がったと言われると、ついついその表面的な結果を鵜呑みにしてしまうことがある。しかし、そうした調査結果を深く読み解く力こそが、これからの時代には求められているのだ。

学校ではどんな授業が求められているか？

アクティブ・ラーニング（主体的・対話的で深い学び）の考え方

　では、こうした「生きる力」や「確かな学力」を身に付けていくために、学校ではどんな授業が必要になるのだろうか。学力についての考え方が変わるなら、当然、授業の方針や方法も違ってくるはずだ。そこで、少し前から注目されているのが、「アクティブ・ラーニング」という考え方だ。

　従来の学校の授業と言えば、教科書などをもとに教師が内容や解き方を説明し、それを生徒が覚えて問題を解いていくというイメージが強い。その一方で、生徒自身が出した疑問をもとにして授業を進めたり、生徒同士の話し合いを通して思考を深めていく試みも行われていた。アクティブ・ラーニングというのは、このうち後者をもっと自覚的に行おうとするものだ。なお、日本では、アクティブ・ラーニングのことを「主体的・対話的で深い学び」と呼ぶことも多い。

　アクティブ・ラーニングというと、とにかく授業で生徒がグループディスカッションなどの話し合い活動をしていると思われることもある。しかし、ただ形式的に話し合いをするだけ、というのは本来のアクティブ・ラーニングではない。重要なのは、生徒が本当に興味を持って取り組んでいるか、考え方を広げたり深めたりすることにつながっているか、といったことだ。つまり、話し合い活動をしていればアクティブ・ラーニングになるわけではないし、アクティブ・ラーニングでいつも話し合い活動をしているわけではない。

アクティブ・ラーニング型の授業を行っていくときに重要なのは、生徒がしっかりと問題意識を持てるようにすることだ。すでに見た例のように、「ヘチマが枯れてしまったのはなぜだろうか」「どうすればうまく育つだろうか」といった身近な生活の中での問題意識を持つところから、主体的な学びにつなげていく。自分一人で考えるとアイデアが狭まってしまうので、他の人と話したり、過去の人々が蓄積してきた知識から学んだりする。自分の考え方が正しいのかどうかをいろいろな角度から確かめ、学びをどんどん深めていくわけだ。

意見例

これから、グローバル化や情報化がさらに進んで、人間の仕事がＡＩに取って代わられていくかもしれない。そのとき、すでに習得した知識や技能がそのままでは

役に立たなくなっているかもしれない。すると、自分は何に関心を持っていて何ができるのかを考え、その状況の中で新たに学びながら、目の前の問題を解決していくことが必要になる。アクティブ・ラーニングは、時代の変化の中で、必要に応じて学び続ける力を育てるための考え方だとも言える。

教育を通してどんな社会を目指すか？

ESD（持続可能な開発のための教育）などの取り組み

新しい学習指導要領では、キャリア教育やプログラミング教育が導入されるなど、予測が難しい中でもなるべく将来を見通して、必要な内容を学ばせようという意識が強い。だが、受け身の姿勢で、ただ社会の変化に合わせていけばそれでよいのだろうか。むしろ、新しい時代にふさわしい社会の姿を、自分たちでつくり上げていくための教育も必要なのではないか。

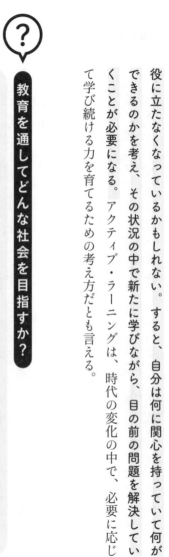

英語教育を例にして考えてみよう。2020年度から、小学校の高学年で英語が初めて正式教科になった。それまでも、英語活動といって、歌やゲームなどを通して英語に親しむことは行われていた。しかし、英語活動を3・4年生から行い、5・6年生では読み書きを含めた教科としての英語を学んでいくことになった。学校によっては、もっと早くから英語教育を実施しているところもある。

小学校だけでなく、学校教育を通して、英語をもっとしっかり学ぶべきだという意見を持っている人は多い。よくあるのが、「グローバル化が進む中で、今や世界共通語になった英語の力が必要不可欠だ」といった考え方だ。確かに、国際会議などの場では共通語として英語が使われることも多いし、商品を海外に売ろうとするときに英語力が必要になることもある。

ただ、グローバル社会をあまり狭く捉えてしまうのも考えものだ。実際は、世界には英語を使わない、使えない人のほうが圧倒的に多い。アジアはもちろん、ヨーロッパでも英語があまりできない人がいるところはたくさんある。日本では、外国人の旅行者や留学生、労働者などが急激に増えているが、英語以外の言語を話す人が大多数を占めている。

また、日本にも世界にも、さまざまな文化があるが、そうした文化の豊かさを支えているのが言語の多様性だとも言われている。英語が広まる中で、話し手の少ない言語が消滅しつつあるため、言語の多様性を守るための取り組みも行われている。言語や文化の豊かさが失われた状態は、あるべきグローバル社会と言えるだろうか。

英語が広まっているからとにかく英語力を身に付ける、というのは完全に間違いではないにしても、それだけでは少し短絡的だとも言える。英語ができる人が増えるだけでなく、英語以外の言語ができたり、英語は苦手だがほかのことが得意だったりする人も多くいるほうがよいのではないか。いろいろな人が協力し合いながら共に生きていけるようにしてこそ、望ましいグローバル社会が実現するかもしれないからだ。

現代の社会の課題に目を向け、さまざまな人が共に生きられる社会を目指す教育も、一部ではすでに行われている。その中のひとつが、**ESD（持続可能な開発のための教育）**だ。

「環境・科学技術」の章で説明しているように、深刻な環境問題や貧困問題などを解決して、持続可能な社会を実現していこうという機運が世界で高まっている。そこで、持続可能な社会の創り手を育む教育として、2002年の国連総会の場で日本が提案したのがESDだ。

ESDには、決まった授業内容や授業方法はないが、アクティブ・ラーニングの考え方が重視されている。環境問題を取り上げる場合でも、単に地球温暖化についての知識を学ぶわけではない。自分たちにとって身近な地域の自然環境や人間関係の中で、問題を発見したりそれを解決したりする力を育んでいくことが目指される。たとえば、普段の自分たちが食べ物や衣服などを消費する行動が、どのように自然環境の変化や経済の動きと関わっているかに気付き、どう行動すればよりよい社会を維持していけるかについて学んでいく。

ESDで重要なのは、自然や社会の中で、あらゆる生き物や人間がお互いに関わりを持っているという視点だ。自分自身の利益を求める行動が、見えないところで他の生き物を犠牲にしたり、他の人々を貧困に追いやったりしている可能性がある。また、今の生活の豊かさを追求し過ぎると、将来の世代を不幸にしてしまうかもしれない。そうした社会のあり方では、自然や社会を長く維持していくことはできない。時間的にも空間的にも、関わりを持っている生き物や人間が共に生きていけるような社会をつくっていくための教育がＥＳＤだと言える。

このように、社会の現状や時代の動きに対応していくだけではなく、今よりもよい社会を実現していくための教育を推進していく必要がある。

学校はどんな問題を抱えているか？

いじめ問題、不登校問題

今の学校教育には、保護者や社会全体からあまりにも多くの期待がかけられていて、教師の負担も大きくなっている。それどころか、社会の変化が学校を圧迫しているようなところもあり、部分的には学校がうまく機能しなくなっている。学校の抱える問題は数多くあるが、ここではいじめ問題と不登校問題について見ていこう。

まず、いじめについては、これまで何度もいじめが原因の自殺が大きな社会問題になってきた。とりわけ近年は、肉体的な暴力を用いたいじめだけでなく、インターネットを介した中傷や嫌がらせによるいじめが問題になっている。

いじめ問題が起こるたびに、生徒の様子に気付かずに放置した教員や学校が非難され、「いじめをなくそう」という運動が起こる。いじめがいかによくない行為であるかを生徒たちに指導し、先生が生徒をしっかりと見守り、コミュニケーションをとり、いじめの芽を早く摘み取ることが求められる。

もちろん、このような対策は大事だが、「いじめをなくそう」ということだけをあまり強く言い過ぎると、いじめの実態を把握できなくなることが指摘されている。いじめがあると評判が落ちるので、たとえいじめがあっても、先生や学校が「うちのクラス、うちの学校にはいじめはない」とみなして、いじめを隠してしまうことになる。

意見例

そこで、むしろ「いじめはどの学校にも起こりうるものだ」とみなしたうえで、いじめを早く発見し、深刻にならないようにし、いじめに対応しやすい制度を作るほうがよいという意見もある。また、先生だけでは対応が難しいので、専門のカウンセラーなどを学校に配備して、いじめ対策に当たることも求められる。実際に、2013年には「いじめ防止対策推進法」が成立したが、そこでは複数の教師や専門知識を持った職員などでいじめ対策のための組織を学校内に作る必要があると定められている。今では、スクールロイヤーと呼ばれる弁護士が配置され、問題解決に当たっている学校もある。

さらに言えば、子ども自身が主体的にいじめ問題を解決する手立てを学んでいけるようにすることも大切だろう。子どもは、教師やまわりの大人に守られるだけの存在ではない。困ったときに誰かに相談したり、他者と協力しながら揉め事を解決したりする力を子どもの中に育てていくことも、教育の重要な役割だと言える。そもそも、いじめの相談窓口が用意されていても、なかなか相談できずにいる子もいる。だからこそ、**自分がいじめにあったときにはどうすればよいか、友達がいじめを受けているときにはどうやって助けてあげればよいか、といったことを具体的に学んでいく必要がある。**

次に、不登校問題についてだ。小学校や中学校での不登校の割合は、毎年のように増え続けている。子どもが不登校になる原因はいろいろあるが、友達との関係や家庭環境の中で強いストレスを抱えていたり、学校の勉強についていけないことが大きな負担になっていたりすることが多いという調査結果もある。

不登校はかなり前から問題になっているが、時代が変化する中で、不登校への見方も変わってきている。数十年前までは、学校に行かないのは本人のやる気のなさや親の関わり方のせいだと言われることが多かった。しかし、次第に、むしろ学校のあり方のほうに問題があって、結果的に子どもが学校に行かないという選択をしているのではないか、という意見も出されるようになってきた。今では文部科学省なども、不登校は特定の子どもだけでなく誰にでも起こり得るものだと考えるようになり、不登校をあまり否定的に見ないようになってきている。

考えてみれば、ある一定の年齢になるとみんなが半ば強制的に学校に通わされ、同じ制服を着て一斉に授業を受けるというのは、近代以降に始まったことだ。つまり、現在のようにみんなが学校に通うというのは、歴史的に見れば必ずしも当たり前のことではない。中には、一般的な学校教育にまったく合わない子どもがいてもおかしくないし、そもそも全員を一定の型にはめるような学校教育の制度にこそ問題があるのかもしれない。

不登校問題に対してどう取り組んでいくかについては、ひとつの答えがあるわけではない。不登校になった経緯は、子どもによってさまざまだからだ。したがって、不登校になっている子どもを柔軟に支援していくために、いろいろな選択肢があったほうがよい。

意見例

ひとつの方向としては、不登校の子どもや不登校気味の子どもが学校に通いやすいように手助けをすることが考えられる。子どもが何か悩みを抱えている場合には、教師やスクールカウンセラーが助言を行う。あるいは、虐待や経済的な困難など、家庭の問題が関係している場合には、スクールソーシャルワーカーが間に入って問題を解決する。もちろん、勉強についていけないことを苦にして学校に来なくなる子どもが出ないように、より丁寧な指導をしていくことも重要だ。

だが、場合によっては学校の外に学びの場を求めるという方向の対策もある。たとえば、ＮＰＯなどが各地で運営するフリースクールは、不登校の子どもに合わせた教育を行っていたり、それぞれの子どもの個性を活かした自由な教育を行っていたりするところもある。フリースクールは法律上の正式な学校ではないが、フリースクールに通っていれば地域の小中学校で出席扱いにしてくれるというケースも増えている。

意見例

いじめ問題にしても、不登校問題にしても、大切なのは子どもの権利をしっかり

意見例

と保障していくという視点だ。日本国憲法や国際条約などにも明記されていることだが、すべての子どもには教育を受ける権利がある。誰ひとりとして、いじめや不登校などが原因で、その権利が侵害されるようなことがあってはならない。そのためには、ひとりひとりの子どもが置かれている状況を見ながら、必要に応じてきめ細かい支援をしていくことが求められる。

ただ、根本的な問題として、教師が忙し過ぎて、子どもとしっかり向き合う時間が取れないということが指摘されている。日本の教師は、ほかの先進諸国の教師と比べてあまりにも多忙で、授業準備すら満足にできない状況にある。**いじめや不登校のサインを見逃さないためにも、子どもが安心して相談できるような信頼関係を築いていくためにも、教師がもっと余裕を持って仕事に取り組めるような環境作りを急がなければならない。**

教育にはどんな不平等があるか？

教育格差、子どもの貧困

少し前から、日本社会で経済的な格差が拡大していることが問題視されるようになった。こうした格差の問題は、子どもの教育に関わる部分でも深刻なものになっている。

さまざまな調査によって、家庭の経済力や親の学歴などが、子どもの学力に無視できないほどの影響を与えていることが明らかになっている。学力だけでなく、虫歯の数など、子どもの健康状態までもが家庭の経済力によって違ってくるという調査結果もある。

家庭が貧しくても、本人が努力をすることでそれを乗り越えていけるはずだと主張する人もいる。しかし、そんなに簡単な問題ではない。子どもが置かれている環境は、本人が勉強を頑張ろうという意欲を持てるかどうか、将来の夢を持てるかどうかというところにまで影響を与えているからだ。現代の日本では、経済的な格差だけでなく、こうした「意欲格差」も問題になっている。

さらに、経済的に困窮している家庭は、親が子どもに接する時間があまり取れず、周囲の人々からも孤立している場合が少なくない。すると、その中で生活する子どもは、ほかの子どものように周りの人と関係性を築く社会的な力が育たなかったり、困っていても上手に助けを求めることができなかったりする。

かつて、日本には貧しい家庭がたくさんあった。周りもみんな貧しければ、ほかの人たちとの差をあまり意識する必要はないし、特別不利になることもない。しかし、今の日本では、周りとの大きな格差に苦しめられる「**相対的貧困**」が大きな問題になっている。経済的な格差と結びつく形で、多くの困難がどんどん重なっていき、本人の力だけでは挽回できないほど周りとの差が広がってしまうのだ。

２０１６年の時点で、日本の子どもの７人に１人が相対的貧困の中で生活していると言われている。ひどい場合には、学校の給食でしかまともな栄養が摂れず、給食のない長期休み明けにはげっそりと痩せてしまっている子どもたちもいるという。特に、ひとり親家庭の貧困率は、他の先進諸国と比べて日本が最も高くなっている。

このような状況に対して、２０１３年には「子どもの貧困対策推進法」が成立するなど、国もある程度は対策に乗り出している。しかし、肝心な部分では民間の動きに頼っているのが現状だ。

　たとえば、全国に広まってきている「子ども食堂」と呼ばれる取り組みでは、NPOやボランティアの人たちが安くて栄養のある食事を地域の子どもたちに提供している。「子ども食堂」は、単にご飯が食べられるというだけでなく、地域の人々と関わりを持つことができ、子どもにとって安心できる居場所になっている。また、学力を高めることで貧困状態から抜け出せるよう、貧困家庭の子どもたちに無料で勉強を教える取り組みも行われている。

意見例

子どもの貧困や格差については、それを自己責任だと一方的に捉えるのではなく、社会全体が抱えている問題として取り組んでいく必要がある。特に日本では、貧困や格差の問題を「よその家庭の問題」とする傾向があり、貧しい家庭の子どもがいろいろと我慢をしなければならないのは仕方がないと考える人も少なくない。しかし、生まれた環境によって一時的な苦労を強いられるだけでなく、将来までもが大きく左右されてしまうとすれば、あまりにも不平等な社会だと言えるだろう。

さらに言えば、貧困や格差の問題を解決していくことは、社会全体のためにもなる。貧困家庭の子どもは将来的にも貧困に陥ることが多く、貧困は世代を超えて連鎖していくと言われている。そうなると、生活保護などの支援を受けることになる人も増えていく。逆に、子どもが貧困の連鎖から抜け出すための支援を行っていけば、その子どもたちは将来的に社会を支える側に回ってくれることになる。子どもひとりひとりのためにも、社会全体のためにも、すべての子どもが安心して可能性を伸ばしていける環境を整えていくことが求められている。

Check!

「教育」関連キーワード集

学習指導要領

文部科学省が告示する教育課程の基準。小学校・中学校・高等学校などにおける各教科の内容や指導方法の要点などが示されている。約10年ごとに改訂が行われている。

アクティブ・ラーニング

学習者が自ら課題を発見したり、その解決に向けて深く思考したりする能動的な学び方の総称。授業の場では、学習者による議論や発表など、参加型の手法が多く用いられる。

キャリア教育

将来、社会的・職業的に自立し、自分らしい生き方を実現していくための力を育成することを目指す教育。社会の大きな変化を背景として、文科省によって推進されている。

PISA（ピザ）

OECD（経済協力開発機構）による国際的な学習到達度調査。各国・地域の15歳を対象として、学力や学習習慣・環境などを3年ごとに調査し、分析結果を公表している。

ESD（持続可能な開発のための教育）

持続可能な社会づくりの担い手を育てるための教育。環境・貧困・人権・開発など、現代社会の課題を自らの問題として捉え、その解決に向けて取り組む力の育成を目指す。

子どもの貧困

その社会の大多数の生活水準と比べて困窮していることを相対的貧困と言うが、その中にある子どもの状態を指す。2016年時点で、日本の子どもの7人に1人が該当する。

Theme 6

頻出テーマ
6
女性・ジェンダー

Check!

要点をつかむ

「女性・ジェンダー」

女性に関する問題は女子大・短大では頻出中の頻出。絶対に理解しておかなければならない。それ以外の大学でも、人文・社会・経済など幅広い学部・学科で、特に女性の社会進出についての問題がよく出る。また、直接的に女性と関わりのないテーマであっても、女性との関わりで論じることができる問題も多い。ただし、何でもかんでも女性にからめて書く、というのは、むしろ視野の狭い論述になってしまいかねないので、注意が必要だ。

このテーマのPOINT

着眼点 女性の社会進出をめぐる現状

- 女性に関する出題では、女性の社会進出をめぐる問題について問うものが多い。
- 就業率についてなど、データを読み取りながら解答する必要がある出題もあるので、その場で慌てないように、前もって現状をしっかりと押さえておこう。
- また、諸外国と比較して日本の取り組みが遅れているという指摘も多いので、現状を把握する際にはそうした観点も意識しておくとよい。

着眼点 女性に関わる問題の動向

- 女性差別に関する出来事は、政治家の失言なども含め、ニュースで取り上げられることも少なくない。
- 女性の社会進出をめぐる問題は、子育て支援や働き方改革などとも関係が深く、近年さまざまな動きのある問題でもある。
- 最新の動向をチェックしながら、何が問題の本質なのか、解決策として何が有効なのかを日頃から考えるようにしておくことが大切だ。

着眼点 ジェンダーの概念

- 男女平等を考えるときには、ジェンダーの概念について基本的な理解を持っておく必要がある。
- ジェンダーの概念は、それ自体の意味が問われることはあまりないが、課題文の意味を理解したり、現実社会の問題を正確に捉えたりするための前提となる。

男女平等は実現したのか？

残り続ける女性差別

まず、女性に関する問題で理解しておく必要があるのは、以前より女性は強くなった、今や女性の時代だなどと言われることもあるが、**女性差別**は根強く残っているということだ。学校にいる間はそれほど強く感じられないかもしれないが、就職しようとするとき、そして就職後、そしてまた結婚後、差別に直面する女性は少なくない。

男女雇用機会均等法により、企業が社員を募集するとき、原則として男女の間で差別することは許されないが、それでも、この法律には抜け道がたくさんあるため、完全には男女の就職の機会は平等ではない。初めから採用人数が男女で異なっていたり、そうでなくても男性を積極採用したりする企業もある。

それに、就職できても、いまだに職種や仕事内容に関して女性への差別が残っている場合もある。かつて、女性の多くは「一般職」と呼ばれる、コピーを取ったり書類を揃えたりといったアシスタント役をさせられることが多く、「総合職」と呼ばれる、男性と互角の仕事に就く人は限られていた。最近では、こうした差別が減ってきているとはいえ、完全になくなったわけではない。実際、女性と男性では、平均年収に大きな差がある。その原因のひとつにもなっている問題として、日本では女性が責任の重い役職に就く機会が制限されている。

また、結婚後は、共働きであっても家事の大部分を妻のみが行うことも珍しくない。しかも、出産や育児で休職した後、職場復帰の道が閉ざされてしまうこともある。

1999年には、男女共同参画社会基本法が施行されて、男女が社会の構成員として、共に活動に参画する社会の実現を21世紀の最大の課題とすることが定められた。しかし、20年以上経った今でも、この法律の理念が実現されているとは言い難い。**女性がキャリア形成の面でさまざまな差別を受け、社会進出の機会が制限されてしまっているのが日本社会の現状**なのだ。

女性の社会進出を妨げるものとは？

いまだに残る性別役割分業の意識

伝統的な女性差別と、現代における女性差別は一見、別の原因を持っているように見える。伝統的な差別では、男性優位の思想が背景にあり、女性は初めから劣った存在とみなされていた。一方、現在では、女性は特に労働や経済などの面で、生産力の劣った存在とみなされることがある。これらは、基本的には、同じ根があると言えそうだ。そのあたりを説明してみよう。

まずは、伝統的な差別について考えてみよう。

伝統的に、女性は家に従属するとされる傾向が強く、「親に従い、嫁いでは夫に従い、老いては子に従う」というのが、日本古来の女性の姿だった。だから、子どもを産めない女性は価値のない人間とされ、離縁されることも多かった。それは日本だけに限ったことではない。今でもイスラーム圏の一部ではそのような女性観があり、西洋でも、個人主義が根づいて女性の権利が主張されるまで、そのような傾向が強かった。肉体的に強い男性が優位に立つことが多く、女性は長い間、弱い者とみなされ、肉体的にも、知的にも、精神的にも、男性より一段下に思われる傾向があった。

現在では、そのような差別はかなり減ったと言っていいだろう。今では、女性が、肉体面ではともかく、知性や感受性の面で男性より劣っていると考える人はあまり多くない。

それに対して現在の女性差別は、産業社会の中で女性の仕事量が男性に劣るとされるところに原因がある。「女性は子どもを産むので、企業にとって男性に比べて効率がよくない。バリバリ働けない。せっかく仕事ができるようになったと思ったら、結婚して子どもをつくって仕事を辞める。その後、仕事に就いても、子どもの病気、学校の行事といったことで、仕事が男性並みにできない。」そうしたことを理由に、女性の雇用に積極的でなかったり、女性に重要な役職を与えなかったりする企業もある。

結局のところ、伝統的な考えに基づく差別も、現在の産業社会における差別も、いずれにしても、「女性は家庭にいるべきだ」という観念に基づいていることに違いはない。現代の女性差別を考えていくうえでは、形を変えて残り続けてきた**「性別役割分業」の意識**が大きな原因になっていることを十分に認識しておく必要がある。

こうした意識を変え、女性が男性と平等に社会進出していけるようにするための努力は、世界各国で進められてきており、１９７９年には国連総会で女性差別撤廃条約が採択されている。日本は１９８５年にこの条約を批准しているにもかかわらず、女性差別をなくす動きを十分に進めてきたとは言えない状況にある。

それが顕著に出ているのが、**日本社会の中での女性リーダーの少なさ**だ。日本では、女性の労働力率そのものは少しずつ改善されているものの、管理職に就いている女性が極端に少ない。２０１８年時点では、管理職に占める女性の割合は15％にも満たず、主要７か国（G７）の中では最下位だ。国会議員では、女性議員が半数近くを占める国があるにもかかわらず、日本では10％程度にとどまっていて、先進諸国の中でも最低水準になっている。

本来、女性と男性の間には、リーダーとしての資質・能力に差があるわけではない。少なくともそんなことを客観的に示す根拠はない。それにもかかわらず、性別によってこれほどまでに社会進出のアンバランスさが生まれているのが日本の現状

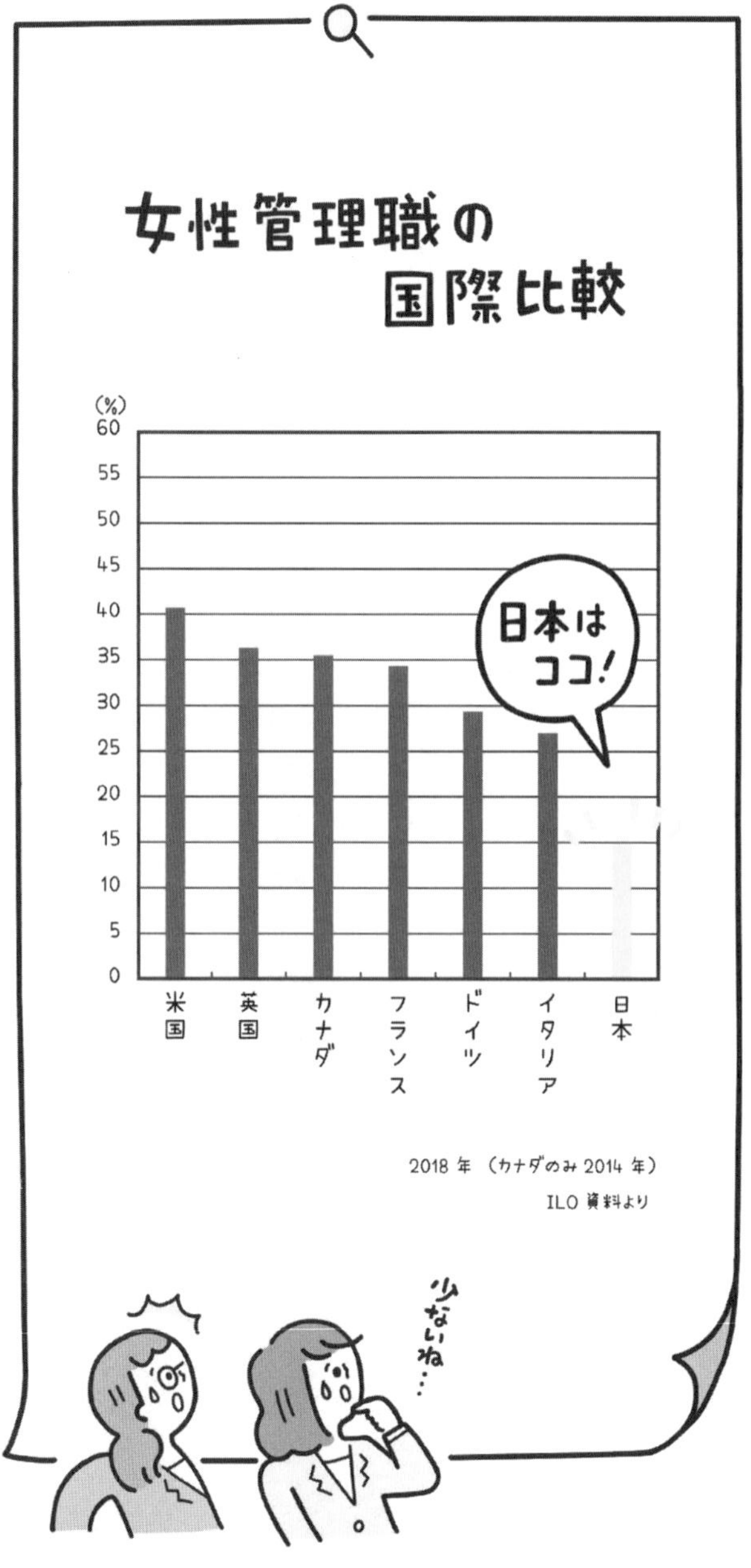
女性管理職の国際比較
(%)
60
55
50
45
40
35
30
25
20
15
10
5
0
米国
英国
カナダ
フランス
ドイツ
イタリア
日本
日本はココ！
2018年（カナダのみ2014年）
ILO資料より
少ないね…

なのだ。いや、それよりも、そのことをあまり不思議に思ってこなかった意識のあり方にこそ女性差別の根深さが表れていると言えるだろう。

ジェンダーとは何か？

社会的につくられた性差

日本では1990年代頃から、「ジェンダー」という言葉がよく聞かれるようになった。「ジェンダー」というのは、要するに、社会的な性別のことだ。男女の性差は、生物学的な性（セックス）以上に、社会的、歴史的、文化的な性（ジェンダー）によって成り立っている。

「女性はしとやかであるべきだ」「女性は男性を補佐するべきであって、でしゃばってはいけない」などと言われることがある。だが、このような言説は、本当に生物学的な性に基づいているのだろうか。もしかすると、これは単に社会的な思い込みに過ぎないのではないだろうか。

20世紀中頃の女性運動の指導的立場にあったフランスの女性思想家ボーヴォワールは『第二の性』という本で、「女性は女性として生まれてくるわけではない。育てられるうちに、女性であるように仕向けられるのだ」というようなことを書いている。つまり、女性はしとやかで優しい、というのは生まれつきのものではない。母性本能を生まれながらに持っているわけでもない。男性と女性の差の多くは、初めから備わっているものではない。育てられるうちに、「おまえは女なんだから、しとやかにしろ」「女はでしゃばらないものだ」と言われて、女性らしくなるのだ。そう、ボーヴォワールは言った。

言い換えれば、これは、ジェンダーを押しつけるべきではない、ジェンダーには多くの偏見が含まれている、生物学的な性（セックス）に由来するものではない、ということだ。

このような考えに基づいて、「男は外で働き……」という通念は、女性を差別し、女性を家に縛りつけるための考えに過ぎない、女性も男性と同等の権利を持つべきだという意識が広まった。

ところで、ジェンダーの概念に基づいて差別をなくそうという主張は、社会の中でいろいろな誤解を受けることがある。たとえば、「ジェンダー・フリー」という言葉が盛んに使われたことがあった。ジェンダー・フリーというのは、ジェンダーによる差別からの自由を意味している。差別を生み出す原因を取り除いていこうという意味で、バリア・フリーという言葉に近いところがある。

ところが、2000年代に入った頃にこの言葉が誤解されて、男女の性差をすべて無視してしまう考え方だとしてバッシングの対象になった。男女の間の差をまったくなくしてしまうというのであれば、着替えやトイレも性別ごとに分けずに一緒にしてしまおうとする極端な考え方が出てきてしまう。

しかし、ジェンダー・フリーは、男女の違いをなくそうとするものではない。あくまでも、社会的につくられた性別のイメージによって、人々の生き方が抑圧されてしまうことをなくそうとするものだ。女性らしさ、男性らしさという幻想が、女性や男性の自由を奪ってしまうことがある。女性が管理職としてバリバリ働くことも、男性が主夫として家事や育児に専念することも、本来は何らおかしなことではないはずだ。ところが、社会の風潮や仕組みはそうなっていない。だから、そうし

意見例

た状況を変え、すべての個人が自分らしく生きられる社会を目指して、ジェンダーやジェンダー・フリーという言葉が生み出されてきたわけだ。

ただ、ジェンダーの概念を使って性差別を批判する人の中には、生物的な性差（セックス）までも否定してしまうような、極端な意見があることも確かだ。おそらく、そうしたこともきっかけとなって、ジェンダー・フリーに関する誤解が生まれたところもある。身体的な特徴や体力面など、少なくとも傾向としては男女の間には違いが見られるのは事実だ。差別をなくそうとするあまり、違いをすべて否定しようとするのはあまり良いやり方だとはいえない。

むしろ、批判すべきは、生物学的な違いがあるからといって、社会的に生み出された差別まで肯定してしまうような考え方なのではないか。確かに、女性の多くは生物学的にみれば子どもを産むことができるが、それを理由として自分のキャリア形成を断念させられ、子育てを強要されるのはおかしなことだ。また、全体的な傾向としては男性のほうが体力的に優れているが、だからといって家庭から遠ざけられ、長時間労働を行わなければならないというのも変だ。

これからの時代に求められているのは、女性であっても男性であっても、従来の

ジェンダーの枠組みにとらわれず、自分らしい生き方を実現できるようにするための社会づくりなのではないだろうか。そもそもジェンダーが社会的につくられた枠組みである以上、必要に応じてそれをつくり変えていくことも可能なはずだ。

婚姻制度は平等なものになっているか？

夫婦別姓をめぐる議論

男女平等の考え方が広がる中、最近では夫婦別姓を主張する人も増えてきた。「夫婦別姓」とは、読んで字のとおり、夫と妻が別々の姓を名乗ることだ。日本では現在のところ、夫婦は同じ姓を名乗らなくてはいけないと法律で規定されている。これは、世界的に見ると非常に珍しい制度だ。

結婚した夫婦がどちらの姓を選ぶかは、本来は当人たちで話し合って決めることだ。しかし、日本では「妻が夫の姓に変えるのが普通」という風潮が強く、現実問題として男女平等が実質化されていないという指摘がある。そこで、結婚後もお互いが元の姓を名乗れるようにしようという考え方が広まってきた。

夫婦別姓に賛成する人々はこう言う。

「今では社会に出て働く女性が増えている。結婚によって姓が変わると不便をこうむる。特に、社会的地位の高い人は、名前が変わることで仕事に支障をきたすこともある。今、旧姓を通称として使っている女性もいるが、それでは、役所の手続きなどで不便になる。そもそも夫婦が同じ姓を名乗るのは家中心の考え方だ。妻が夫の家の姓を名乗るということは、妻が夫の家に所属することを意味する。女性が子どもの頃から親しんで自分のアイデンティティとしている姓を守ってこそ、男女平等、個人尊重を守ることになる。家族というのは、個人と個人の愛情による自由な結びつきである。それを強制的に同じ姓にして束縛するべきではない。女性だけに姓を変えさせ、アイデンティティを奪うのは差別だ。個人の意思を最も尊重するのが、民主主義の原則なのだから、ひとりひとりを尊重して、個人が姓を選べるようにするべきだ。」

それに対して、反対する人は、こう考える。

「夫婦で姓が違うということは、両親のどちらかと子どもの姓が違うということだ。同じ姓を名乗るということで家族のアイデンティティが成り立っている。夫婦別姓にしたら、そういうアイデンティティも感じられなくなってしまうだろう。人間は家族に支えられ、家族の中で自分を作って生きてきた。そうした家族のあり方を否定して、個人を中心に考えると、家族、ひいては社会そのものが成り立たなくなるかもしれない。結婚というのは、ある意味では夫婦がその個人の独立性をいくらか放棄して、相手と支え合うことだとも言えるのだから、夫婦は同じ姓であるべきだ。」

また、こうした賛成意見・反対意見を踏まえ、「通称使用公認制」（配偶者とは別の姓を通称として名乗りやすいようにする制度）を法制化してはどうかという提案もされてきた。とはいえ、結局この制度では、戸籍上の姓は変更しなければならず、限界もある。

注意しなければならないこととして、現在議論の中心になっているのは、あくまでも「選択的夫婦別姓」の制度化だ。つまり、夫婦が同じ姓になるか、別々の姓のままでいるのかを当人たちが選択できるようにしようというものだ。こうした制度であれば、夫婦別姓に賛成のカップルであっても、反対のカップルであっても、自分たちの考え方に沿って選択していくことが可能になる。

さまざまな調査結果からは、選択的夫婦別姓に賛成する人がどんどん増えていることがわかる。たとえば、２０２０年の朝日新聞の世論調査によれば、賛成が69％、反対が24％となっている。若い世代や女性の中では賛成派の割合が特に多い。

こうしたことから、日本でも近い将来に選択的夫婦別姓が制度化される可能性は大いにある。ただ、単に法律を変えるだけでは問題は解決しないかもしれない。すでに述べたように、現状では妻と夫のどちらの姓にするかを選択できるはずだが、なぜか妻が姓を変えることが圧倒的に多い。今の制度を変えるにしても、変えないにしても、男女平等を実質化させていくためのさらなる議論が必要になるだろう。

平等な社会進出のために何が必要か？

働き方に関する社会の意識と制度を変える

これまで説明してきたとおり、現代にはまだまだ女性差別が残っており、女性の社会進出が阻まれている。では、どうすればこうした状況を変えていけるのか。

すでに述べたように、女性差別の背景には性別役割分担の意識がある。したがって、固定的なジェンダー観を批判し、社会の意識を変えていく必要がある。もっとも、「男は外で働いて……」という通念による分担をやめて、性別に関係なく協力して働き、協力して家事をし、協力して育児をしようという考え方はすでに広がりつつある。少し前から「イクメン」（育児をする男性）と呼ばれる人々も増え、男性が育児に参加することが一種の社会的な流行にさえなっていると言えるだろう。

しかし、どんなに個々人の考え方が変わっても、社会の仕組みが変わらなければ意味がない。実際に、男性の育児参加は、社会の中で大きな壁に直面している。たとえば、男性が育児休暇を取ろうとしても、現状では会社にその制度が整っていなかったり、職場の人手不足や雰囲気を気にして休暇が取りづらかったりする。2018年時点での育児休暇の取得率は、女性が80%を超えているのに対し、男性ではたった6%ほどだ。

もはや、**社会の意識を変えるための啓発活動だけでは不十分で、社会の制度を変える具体的な方策が求められている。**男性の育児休暇の問題では、企業に対して明確に義務を課すべきだという意見もある。

とはいえ、実際に男女の平等な社会進出を実現するためには、日本社会全体の働き方を根本的に見直す必要がありそうだ。そもそも日本社会の働き方に関しては、男女平等の問題があるだけでなく、子育てと仕事を両立すること自体が難しくなっている。そこで、企業などが子育て世帯への新たな配慮を行っていくにしても、ほかの労働者や職場全体にも少なからず影響が及ぶことになる。さらに言えば、子育て世帯かどうかにかかわらず、非正規雇用の増加や過労死ラインを超える長時間勤務など、働き方をめぐって多くの問題が山積みになっている。

こうした状況を変えていくためのひとつの方向性として、多様な働き方を可能にする制度を整えていくというやり方がある。たとえば、短時間勤務やフレックスタ

固定的な ジェンダー観を
批判し 社会の意識を
変えていく
女だから…
男のくせに…
管理職やる!
オレ育休とるっス!
NO!
働き方を めぐる
問題の改善
短時間勤務や
テレワークなど
多様な働き方を可能に

イム制を導入したり、仕事を多くの労働者で分け合うワークシェアリングを導入したりしている企業も出てきている。また、仕事内容によってはパソコンなどを使って在宅勤務をすることが可能な場合もあり、時間や場所を選ばずに働けるテレワークという勤務形態を取り入れているところもある。

意見例

意識のうえでも制度のうえでも、さまざまな働き方が認められれば、それぞれの家庭の選択次第で、仕事や育児の役割分担を柔軟に行えるようになるだろう。そうなれば、出産・育児の影響を最小限に抑え、管理職に就きやすくなる女性が増えることも期待できる。

そして、女性差別問題を乗り越えるための制度改革は、すべての労働者のワークライフバランスを改善していくことにもつながる。日本の経済・産業を健全で持続可能なものにしていくためにも、働き方に関する社会の意識と制度を同時に変革していくことがこれから取り組むべき重要な課題なのだ。

Check!

「女性・ジェンダー」

関連キーワード集

ジェンダー

社会的・文化的に形成される性別・性差のこと。一般的に、「男らしさ」「女らしさ」とされているもの。生物学的な男性・女性の特性を意味するセックスと区別される。

選択的夫婦別姓

結婚する際に、夫婦が同姓（どちらか一方の姓）にするか、別姓（結婚前のそれぞれの姓）にするかを選べる仕組み。選択的夫婦別氏とも言う。

育児休業・育児休暇

子どもが1歳になるまでの間に取得できる休業として、法律で定められているものを育児休業と言う。一方、法律の範囲外で、育児のために休む場合は育児休暇と呼ばれる。

フレックスタイム制

労働者が、日々の始業・終業時刻や労働時間を自分で決めることができる制度のこと。柔軟で効率的な働き方を可能にするものとして、企業での導入が進んでいる。

ワークシェアリング

ひとつの仕事を複数の労働者で分かち合うこと。労働者ひとりあたりの業務の負担を減らしつつ、社会全体の雇用数を維持・増加させることを目的としている。

ワークライフバランス

仕事と生活の調和のこと。仕事でのやりがいや生産性の向上と、私生活の充実との間で好循環を生み出し、多様な生き方を選択・実現できるようにするために重視される概念。

Theme 7

頻出テーマ
7
ボランティア・福祉

Check!

要点をつかむ

「ボランティア・福祉」

ボランティアや福祉は、現代に生きる限り、必ず知っておかなければならない問題だ。特に、福祉系の学部では大頻出テーマだ。だが、それ以外にもさまざまな学部・学科で、これらの問題はしばしば出題される。とりわけ、大きな災害があると、その翌年これらが出題されることが多いので、要注意。

このテーマのPOINT

着眼点　ボランティアはどうあるべきか？

- まずは、日本においてボランティアがどのように位置づけられ、どのような活動が行われてきたかを理解しておこう。
- それを踏まえて、災害やそのほかの場面で、ボランティアの望ましいあり方について具体的に論じられるようにしておこう。

着眼点　福祉とは何か？

- 福祉とは、シンプルに言えば日々の暮らしの幸せのことだ。また、それを実現するための社会的な取り組みを社会福祉と言う。
- 福祉に関する出題に対応するためには、ノーマライゼーションなどのキーワードを中心に、福祉の基本的な理念を理解しておく必要がある。

着眼点　社会福祉に関して何が求められているか？

- 実際の出題では、福祉の理念そのものが問われるというよりも、福祉に関して具体的に何が問題・課題であるかを問われることが多い。
- 特に、日本では高齢化が進んでいるので、孤独死や介護に関することなど、高齢者福祉のあり方については頻繁に出題されている。
- そうしたテーマについて、自分自身にはどのような役割が担えるかという視点からも論じることができるようにしておこう。

なぜボランティアが求められるのか？

人間相互の連帯のために

君たちの中にも、ボランティア活動をしたことがある人はいるだろう。公園や街のゴミ拾いをする、老人ホームを慰問する、地震や台風などの災害で困っている人を手助けするなど、さまざまな活動がなされている。たとえば、災害ボランティアとしては、２０１１年3月11日に起こった東日本大震災の後にも日本中から多くのボランティアが参加し、被災地のために尽力した。

現在では、ボランティアのような社会貢献活動が組織的に行われることも多い。NGOやNPOといった団体の活動にも、多くのボランティアが参加している。

ＮＧＯとは、非政府組織（non-governmental organization）のことで、主として海外で活動する団体のことを言う。ＯＤＡ（政府開発援助）では不十分な活動を、政府機関とは別に行っている。ＮＰＯとは、非営利組織（non-profit organization）のことで、環境や福祉などの面で、国内外で活動する非営利団体を指す。１９９８年に特定非営利活動促進法が制定され、法人格も得られるようになった。国内や世界各地で飢餓救済や軍縮、環境保護、人権擁護などのために働いている。たとえば赤十字などがその代表例だ。どちらも非営利、非政府だが、どちらかというと前者を強調したものがNPOで、後者を強調したものがNGOと言える。

国際的な舞台で活躍するボランティアの活動が、今、大きな意味を持っている。たとえば、A国とB国が紛争を起こしたとする。日本政府の関係者がそこに介入するわけにはいかない。日本の役人が、どちらかの兵士の負傷者を看病したりすると、それは日本国がその国に味方したとみなされる。そんなとき、政府とは無関係な人々の活動が大きな意味を持つわけだ。

だが、そんな活動をしていても、正面きって、「ボランティアって何?」と聞かれたら、どう答えていいかわからない人も多いのではあるまいか。もちろん、「ボランティア」のもともとの意味は、「志願する」「志願兵」「志願しての行為」ということ。だから、市民が自発的に社会活動をすること、そして、それをする人のことを、「ボランティア」と呼ぶ。戦争中、日本の学生が動員されて工場や病院で行った「奉仕活動」とは、少し違う。よく言われるような「ただ働きがボランティア」というのも、少し違う。ボランティアだからといって、ただ働きとは限らない。食べていくのに必要な報酬が伴うことも多い。

『ボランティア白書』では、ボランティアを「個人が自発的に決意・選択し、人間の持っている潜在的能力や日常生活の質を高め、人間相互の連帯感を高める活動」と定義している。つまり、**報酬を目的とするのでなく、個人が自発的に行う、人間の連帯のための活動**がボランティアなのだ。

障害や事故、そして災害のために困っている人を助け、福祉社会を実現するためには、社会福祉の制度だけでは不十分だ。たとえば、東日本大震災のような場合、公的機関の対応はどうしても遅くなる。それに、そのような思ってもみない大災害のときのために、普段からおおぜいの役人を雇っておくこともできない。

そもそも役所は何よりも公平を心がける必要がある。だが、たとえば高齢者の中にも、入浴の手伝いをしてほしい人、病院に連れて行ってほしいと思っている人など、さまざまな人がいる。そこで、役所にできないことを補佐し、もっと小回りのきく、そして、もっとひとりひとりの困った人の役に立つように活動するのが、ボランティアの役割だ。

ボランティア活動はどうあるべきか？

ボランティアのあり方はひとつではない

かつて、日本では欧米諸国に比べてボランティア意識が薄いと言われていた。ボランティア活動と言えば、ごく一部の人々が特別に行っている社会奉仕活動というイメージが強く、現在のように多くの一般市民が参加するものだとは思われていなかった。

日本におけるボランティアの大きな転換点となったのは、1995年に起こった阪神・淡路大震災だった。人的・物的に深刻な被害を出したこの震災では、直後の1年間で138万人ものボランティアが活動し、数多くのボランティア団体やNPOなどが生まれた。これをきっかけとして、誰でも参加できるものとしてボランティアが位置づけられるようになり、1995年は「ボランティア元年」とも呼ばれている。その後、災害以外にもさまざまな場面でボランティアとして活動する人が増え、日本のボランティアも次第に成熟してきている。

とはいえ、ボランティア活動の問題点が挙げられることもある。たとえば、被災地でのボランティアの場合、少し活動をしただけですぐに飽きて、勝手な行動をしたり、被災者とトラブルを起こしたりする人もまだいるという。

困っている人の立場に立って行動してこそボランティア活動だ。自分の善意を勝手に押しつけるべきではないし、困っている人が満足することを考えるべきだ。そのためには、ボランティア団体の指示を守る必要があるだろう。その指示に従って組織的に行動してこそ、本当に役に立つボランティア活動になるし、本当の喜びを感じることができる。自分勝手な自己満足ではなく、本当に社会に役立つことができるのだ。

ボランティアの喜び、それは自分が困っている人の役に立つという喜びだ。それによって、社会的に孤立しているのでなく、自分と社会はつながっているという意識を新たにすることができる。人と人の連帯を感じることができる。自分も人に喜んでもらえるのだという意識も持てる。つまりは、ボランティア活動をすることによって、生きがいを得て、新しい自分に会うことができるわけだ。

中には、ボランティア活動に打ち込んで、自分の家をなおざりにする人もいるようだ。家族に迷惑をかけ、仕事を投げ出し、自分のことを二の次にしてしまうわけだ。だが、それではボランティアの意味はない。ボランティアというのは、自分を犠牲にすることではない。

私は、ボランティアは、ある程度不真面目に行うくらいでよいと考えている。もちろん、途中で投げ出したり、自己満足を追いかけたりするなどは言語道断だ。しかし、あまり生真面目にボランティアに打ち込み過ぎるのも、結果的に長続きしないケースが多く、困りものだ。

こう考えてはどうだろう。

ボランティアというのは、気楽にやるものなのだ。暇で困っている人、何か意

新たな自分
生きがい
社会とのつながり
人の役に立ちたい!
ボランティアです!
ありがとう!
助かります!

味のあることをしたい人、バイクに乗れるとか、英語ができるとか、困っている人を助けることができるなんらかの特殊技能を持っている人、ボランティアに助けてもらったことがあるので、お返しをしたいと思っている人、名誉がほしい人、生きがいがほしい人、そんな人々が、少しずつ、しかし、おおぜいで活動する。ひとりひとりの活動は小さくても、おおぜいが集まるので、大きな力になる。そして、多くの人がネットワークによって連帯を作る。そうすれば、ひとりひとりは気楽に活動できる。長続きできる。それでいながら、大きな力になる。

意見例

したがって、ボランティア活動のためには、大きなネットワークを作ることが必要だ。そうすることで、効率よく、負担が少なく活動できる。災害などが起こったときも、すぐにかけつけられる。ボランティア活動をしている誰かに用ができたときにも、代わりの人をさし向けられる。

福祉は何を目指すか?

すべての人が幸せに生きられる社会

　ところで、ボランティアとも深い関わりを持つものとして、「福祉」という概念がある。ボランティアを中心的に担っているのが一般市民であるのに対し、福祉の場合は公的な配慮によってよりよい生活を実現させていこうという面が強い。とはいえ、福祉活動の中でボランティアに期待されている役割が大きいのも事実だ。

　福祉というのは、字義的に言えば「幸福」に近い。ただ、福祉という言葉には、ひとりひとりの生活の充足のために社会的な援助を行おうとする考え方が含まれている。特に、人々の幸せな生活を実現していこうとする社会的な方策や努力のことを**「社会福祉」**と呼ぶ。

　福祉を志す者が、まず理解しておくべきなのは、**人間は平等だという考え**だ。

　２０１６年に相模原市で起きた障害者施設殺傷事件は社会を震撼させた。その施設で働いていた26歳の男が刃物を持って侵入し、入所者19人を刺殺、26人に重軽傷を負わせた。その男は、「障害者は社会に迷惑をかけている。生きる資格はない」という信念を抱き、それを実行しようと考えたのだった。

現代社会では、産業重視、効率重視の考え方が大きな力を持つようになっている。犯人の考えはそれを極端にまで推し進めたもので、役に立つ人間が立派な人間であり、そうでない人間は生きる資格がないとするものだ。

この考えが歪んだものであることはいうまでもない。人間の生命に優劣をつけ、ひとりの人間が勝手に劣っているとみなした人間の命を奪ってよいわけがない。

障害のある人も、高齢者も、生活保護を受けている人も、もちろん人間として同価値だ。中には、福祉の対象になる人を見下すような態度をとる人がいる。それはとんでもない間違いだし、また、「天使のよう」などと形容して美化するのも、正しい態度とは言えない。

福祉の対象になっている人々もほかの人と同じように、みにくい心を持ち、美しい心も持つ。ごく普通の人なのだ。神聖化するのも、差別のひとつと考えられないだろうか。

そして、もうひとつ、**ノーマライゼーション**を心がける必要がある。障害のある人が、ありのままで障害のない人と同等に生き生きと活動できるよう、社会を変えていくべきだというのが、ノーマライゼーションの考え方だ。

もちろん、そのためには、**バリアフリー（障壁のない社会）**を実現することが必要だ。現在はほとんどの公共施設でエレベーターの整備をはじめとし、バリアフリー化が進んでいるが、設備だけにとどまらず、社会の制度や人々の意識の面などでも、障壁をなくしていくことが求められている。

また、あらかじめ障壁のない、すべての人にやさしい設計を目指す**ユニバーサルデザイン**の重要性も広まってきている。

これからの社会福祉の課題とは？

地域社会の中で支え合う関係をつくる

すでに述べたように、福祉というのは、人々の生活の幸せのことだ。すべての人の幸せな暮らしを実現していくためには、多くの社会的な取り組み（社会福祉）が必要になる。日々の生活の中で、個人的な努力だけでは乗り越えられないような困難にぶつかってしまう人は少なくないからだ。しかも、それは障害者や貧困の状態にある人など、特定の人々だけでなく、誰にでも起こり得ることだと言える。

たとえば、自分の親や結婚相手の親が高齢になって身の回りのことができなくなると、食事や排せつなどの介護が必要になる。ところが、仕事を持っている人が毎日の介護をこなすのは至難の業だ。どうにか仕事と介護を両立させようとする中で、介護疲れからうつになってしまう人もいる。すでに超高齢社会になっている日本では、こうした問題はますます深刻になってきている。もちろん、誰でも将来的には介護される側に回る可能性がある。ほかにも、子育てや病気など、誰もが多かれ少なかれ生活上の課題を抱えている。

生活上の課題を乗り越えていくためには、多くのことが必要だ。高齢者介護を例にとると、まず、自宅での介護を支援してもらうには、それを直接担うホームヘルパー（訪問介護員）がいなければならない。自宅での介護ができない場合には、特別養護老人ホームなどの施設が必要だ。いずれにせよ、人材の確保や人材育成が常に問題になる。また、介護にはかなりのお金がかかるので、介護保険制度をどう維持していくかも重要な課題になる。

このように、社会福祉を維持したり充実させたりしていくためには、いろいろな側面からの取り組みが求められることになる。だが、私たちにできる最も身近な取り組みは、普段の生活の中で、お互いに支え合うための活動を行うことだ。

社会福祉というと、地域住民は行政からのサービスを一方的に受けるだけ、というイメージを持つ人もいるだろう。しかし、住民ひとりひとりのニーズをすべて行政が把握して、きめ細かい支援を継続的に行っていくことは難しい。たとえば、介護が必要な人が地域にいる場合、ちょっとした買い物や電球を交換するなどの日常的な手助けであれば、家族や地域の人々が担うこともできる。また、一人暮らしの高齢者の場合、近所の人々が見守りや声かけを日常的に行うことによって、孤独死を防ぐこともできる。

現在の社会福祉では、地域住民が福祉の受け手であるとともに、その担い手として活動していくことが求められている。2000年に改正された社会福祉法の中でも、地域住民は地域福祉の主体として位置づけられている。生活のある面で課題を抱えている人も、別の面では誰かの支援をしていけるかもしれない。高齢化が進み、支援を必要としている人が増えている現代では、地域住民による支援と行政や事業者などによる支援を連携させていくことで、地域社会の福祉を実現させていかなければならない。

ところが、現代の日本では住民同士の関係性が希薄になり、お互いに支え合っていくのが難しくなっているところもある。そのことは、内閣府が発表している高齢者の生活と意識に関する国際比較調査にも表れている。2015年の調査結果による

意見例

と、日常生活の中で何かがあったときに同居の家族以外に頼れる人がいるかという質問に対して、ドイツでは「近所の人」と答えた高齢者が40％を超えているのに、日本では20％にも満たない。

だからこそ、**地域社会の中で福祉を成り立たせていくためには、自分たち自身が福祉の担い手でもあるという意識を地域住民が持ち、気軽に福祉活動に参加できるようにするための条件を整えていく必要がある。**最近では、地域住民が交流するための居場所づくりを行ったり、体験型の活動などを含めた福祉教育を推進したりしている地域も少しずつ増えてきている。また、学生のボランティアが地域に入り込んで活動し、それを起点としてさまざまな人々を巻き込んでいくことも、地域の中で支え合う関係をつくっていくための有効な手段になるだろう。

Check!

「ボランティア・福祉」

関連キーワード集

ボランティア

社会で生じているさまざまな問題や課題に対して自らの意志によって取り組み、社会に貢献しようとする人々やその活動。基本的には無償で行われるが、有償の場合もある。

社会福祉

生活の中で人々が抱える困難や障害に対して、その解決や緩和を目指して行われる諸活動の総体。特に、貧困者・障害者・高齢者など、社会的弱者への援助がその中心になる。

NGO・NPO

構成員に対する利益の分配を目的とせず、さまざまな社会貢献活動を行う非営利組織をNPOと言う。NGOも基本的には変わらないが、主に国際協力に携わる非政府組織を指す。

ノーマライゼーション

障害者や高齢者などがほかの人々と同じように生活や権利を保障され、共に生きていけるようにするための環境を整備すること。あるいは、そうした社会を目指す理念。

バリアフリー

障害のある人が社会生活を営むうえでの障壁を取り除くこと。道路や床の段差などの物理的な障壁だけでなく、心理的、制度的な障壁の除去も含んだ概念として用いられる。

介護保険制度

加齢によって要介護・要支援の状態になった場合に、必要な保険医療サービスや福祉サービスを受けることができる制度。40歳以上の人に加入が義務づけられている。

Theme8

頻出テーマ
8
大学・学問

Check!

要点をつかむ

「大学・学問」

大学の意味や学問の意義についての出題が増えている。おそらく、学ぶ意思のある学生を入学させたいという意図の表れだと思われる。大学側は少しでもしっかりした意識を持って大学に入学する人を求めている。大学・学問の意味をしっかり考えておく必要がある。

このテーマのPOINT

着眼点 大学の変化と役割

- 近年の日本の大学は、グローバル化やユニバーサル化という変化の中に置かれている。
- これからの大学は、単に専門分野の研究や教育を行っていくだけでなく、さまざまな形で社会に貢献していくことが期待されている。
- 理系の分野では、大学が企業と連携しながら、新しい技術の研究開発を進めている。

着眼点 大学で学ぶことの意義とは何か？

- 小論文では、さまざまな角度から、大学で学ぶことにはどのような意義があるかを問われることも多い。
- 最近は、教養教育（リベラルアーツ）が一部で注目されているため、教養とは何か、教養を学ぶ意義とは、といったことも考えておこう。

着眼点 あなた自身は大学で何のために学ぶのか？

- 「あなたは大学で何をどのように学ぼうと考えているか」といった形で、自分自身が大学で学ぶことの目的を答えさせる出題も多い。
- 「〇〇学を学ぶことにはどんな意味があるか」といったように、それぞれの専門分野について問われる場合もある。
- 自分の受験する学部・学科を意識し、その学問分野と社会との関わりについて、しっかりと考えておく必要がある。

大学はどう変化してきたか？

大学のユニバーサル化

少し前まで、大学の抱える最大の問題と言えば「大学生の不勉強」だった。特に1980年代から90年代にかけて、大学が「レジャーランド化」していると言われていた。受験までは必死に勉強していた人たちも大学に入るとあまり勉強しなくなり、レジャーやアルバイトにばかり夢中になる、といったことが起きていた。

2000年代に入ったあたりから、こうした状況は少しずつ変わってきている。最近では、学生たちが以前よりも真面目に勉強するようになったと感じている大学の先生たちも少なからずいる。

それを裏付けるデータもある。日本大学の調査では、80年代後半から2000年代にかけて、授業に出席せずに他人のノートをコピーさせてもらうだけ、という不真面目な学生はだんだんと減っている。そして、授業の出席率は上がり、教科書・ノートを中心に勉強する学生が増えている。

しかしながら、これでめでたしとはいかない。真面目に勉強するのはよいのだが、とにかく就職に役に立つ勉強を教えてほしいという学生が増えたのだ。本来、大学は学問を専門的に学ぶ場所だ。それなのに、真面目になった学生たちの関心は、学問ではなく就職活動に向かっている。最近では、大学が「就職予備校化」してしまったという嘆きも聞かれるようになった。

大学の「レジャーランド化」も「就職予備校化」も、根っこの部分には同じ原因が横たわっている。それは、日本の社会の中で大学の位置づけが変化したということだ。

かつて、日本の大学はごく一部のエリートを養成するための機関だった。社会をリードする立場の秀才たちが大学に入学した。そして、国や企業の中心的な役割を担うにふさわしい学問を研究し、実用的な知識よりも、理論的な専門領域を学んだ。しかし、時代は変化した。日本は豊かになり、大学の数も大学を目指す人の数も次第に増えていった。大学進学率は1960年の時点でわずか8.2％だったが、今では50％以上が大学に進学している。もはや大学はエリート予備軍だけが行くところではない。

その結果、現在の日本の大学は、ごく普通の人々が社会に出る準備期間として過ごす場となっている。大学が大衆化するこうした動きは、大学の「ユニバーサル化」と呼ばれることもある。

大学から大学院に進む人も増えてはいるが、少なくとも大学時代に専門領域の高度な研究を行う人はほとんどいないと言ってよい。多くの人にとって、大学時代というのは、就職をするための準備期間になっているのだ。だから、勉強と言えば、よい就職をするために役立つ勉強ということになってくる。むしろ、専門的な学問などは役に立たないという考えの人もいる。

このような状況に対して、大学の先生たちの反応はさまざまだ。「時代が変わったのだから、職業教育のようなことを行っていく必要がある」という人もいる。一方で、「そもそも大学は職業訓練の場ではない」、あるいは「役に立つ職業教育を大学で行うのは不可能だ」という意見もある。

さて、これから大学に進学しようとしている君たちはどう考えるだろうか。大学に入って、一体何をどのように学ぶべきなのか。このことについて、もう少し掘り下げて考えてみよう。

大学ではどのように学ぶべきか？①

自ら問いを立て、探究していく学び

大学というのは、もともとは学問を行う場だ。大学の先生たちはみんな、歴史学や物理学など、それぞれの分野で専門的な研究を行っている。

では、大学に入学する人たちはどうだろう。もちろん、いきなり高度な研究をすることはできない。ほとんどの人は、将来研究者になることもない。少しでも就職に役立ちそうな勉強だけをしたい人もいるだろう。それはそれで間違いとは言い切れないし、大学では何を学ぶのも自由だ。

高校までの勉強は、学ぶべき内容が教科ごとに決められていて、それを正確に理解し、テストで正しい答えを書けるようになることがゴールとされる傾向にある。問いとその答えはあらかじめ用意されていて、それを先生や教科書が教えてくれる。勉強というのはそういうものだ、と思っている人も少なくないだろう。

ところが、こうした勉強の仕方は、大学での学問を学ぶ大学生にはふさわしくない。学問の世界では、誰も正しい答えなど用意してくれない。それどころか、問いすら自分で立てなければいけない。

学問を行う人は、いろいろな問いを立てる。たとえば、「月に水は存在するか？」、「モンゴル帝国はなぜ衰退したのか？」といった比較的大がかりな問いから、「日本の漫画における家族の描き方はどう変化したか？」といった身近なものまでさまざまだ。自然科学では主に観察や実験によって、人文・社会科学では文献調査や社会調査などによって、それぞれの答えを出していく。

だが、誰かが出した答えというのは、あくまでも暫定的な答えに過ぎない。一度出された答えをほんのわずかでも超えていこうとするのが学問のやり方なのだ。だから、「月に水はある」という答えが出てきたら、それに対して、「どのくらいの量があるのか？」と新しい問いを立てる。あるいは、「それは観測の間違いであって、本当は水などないのではないか？」と批判的な問いを投げ返す。そして、新しい答えを次々に出していく。

とはいえ、普通の大学生が何かの専門分野で斬新な問いを立てて、重要な発見をするのは極めて難しい。だが、大学生の学びにも、学問を行う研究者と同じような姿勢が求められる。

大学で学ぶときは、自分が大学時代を通して探究したいと思える問いを立てる必要がある。日々の生活で気になっていること、関心のあることに基づいて、自分なりの問いを立ててみる。問いはいくつあってもよい。問いを立てたら、自分が選んだ学問分野の研究方法を参考にしながら、自分なりに答えを出していく。結果的に、自分の答えに間違ったところがあってもかまわない。

高校までと同じように、大学でも教科書を使って学ぶことはあるが、その内容をそのまま暗記することには大して意味がない。先人が積み上げた知識を学ぶことは、自分が立てた問いに答えを出すための手段に過ぎないのだ。だから、必要な知識を身に付けるためにどんな授業を選択すべきかについても、自分で判断していくことになる。

学問というのは、まだ明らかになっていないことを問い、その答えを求めて学んでいくプロセスだ。**大学に入れば、こうした学問の世界で主体的に学びを深めていくことが求められる。**

大学ではどのように学ぶべきか？②

新たに求められる教養教育（リベラルアーツ）

大学では自分で問いを立てて学ぶ、とは言っても、そうした経験のない人にとってはとても難しいことだ。ものごとを捉える視野の広さや深い思考力が必要になる。

そうした力を基礎的なところから育てていくために、近年改めて見直されてきているのが**教養教育（リベラルアーツ）**だ。

かつて、日本の大学には教養課程と呼ばれるものがあり、入学してから1〜2年間、語学や幅広い分野の知識を学ぶことになっていた。文系・理系に関係なく、いろいろな学問分野に触れる。その後、それぞれの学部に進んで、専門科目を学んでいく。ところが、学生からすれば、教養課程では興味のない科目をいくつも強制的に学ばされることになる。内容的にも不十分なものが多く、結局、教養課程は廃止されていった。

今、新たに求められている教養教育は、昔の教養課程のように幅広い知識を身に付けるためのものではない。簡単に言えば、**学問の世界でも一般社会でも活かせるような、正解のない問いに向き合っていく力を育てる教育**だ。

学問を行ううえでは、誰も正しい答えを教えてくれない、ということはすでに述べた。しかし、正解のない問いにぶつかるのは、学問の世界だけではない。広く一般社会の中でも、そうした場面が多くなっている。

グローバル化やＡＩの発達など、社会がどんどん変化しており、ビジネスの場でも従来のやり方が通用しないということが少なくない。また、想定外の規模の災害が起こり、マニュアルが用意されていない中で、命を守るための適切な選択を迫られることもある。

正解のない問いに対してよりよい答えを出していくためには、いろいろな知識を持っているだけでは役に立たない。むしろ、今ある知識をもとにして、多くのアイデアを生み出していく柔軟な発想力や思考力が必要だ。しかも、他者と協力し、時には対立する意見を調整しながら、問題を解決することが求められることも多い。

こうした力を育てるための場が、これからの教養教育というわけだ。実際の教養教育では、さまざまなテーマについて、学生と教師が議論をしながら学んでいく。専門的な知識を身に付けることよりも、自分たちで問題を発見し、その解決策を考えていくことが重視される。

教養を身に付けていくためには、常識にとらわれず、ものごとを多角的に見ていく訓練が必要だ。普通に生活をしていると、どうしてもものごとの見方は狭くなる。無意識のうちに、「みんなが言っているからきっと正しいのだろう」と思って、その根拠を考えることをやめてしまう。また、つい自分にとって都合のよい意見ばかり

意見例

を受け入れるようになってしまう。そうした人が増えてくると、社会全体が間違った方向へ進んでいても、軌道修正することが難しくなる。

大学というのは、さまざまな経験や考え方を持つ人々が集まって、互いに議論を交わすことを通して学ぶことのできる場所だ。意識的に、自分とは異なる意見に耳を傾けながら、それまで持っていた考えを更新していくことで教養は深まっていく。多くの人が進学するようになってユニバーサル化した今の大学では、必ずしもみんなが本格的な学問に取り組んでいくことを望んでいるわけではない。だが、**あらゆる場で活きてくる教養を身に付けることは、これからの社会を生きていくすべての人にとって、有意義なものになるだろう。**

大学と企業はどう関わるべきか？

産学協同（産学連携）の抱える問題

私が学生だった頃、産業界と大学が共同して研究することは好まれなかった。「産学協同体制」と言われて、多くの人が反対したものだ。

当時、「産学協同体制」に反対する人々は、こう語っていた。

「大学は学問の府でなくてはいけない。大学は社会的な利害関係から離れたところで学問的な知識や真理を追究する場であるべきだ。企業と結びつくと、正しい判断ができなくなって、企業のための研究になってしまう。企業のための学問であってはならない。真実を探究するための学問であるべきだ。そして、大学は自治権を持って、いかなる利害からも、いかなる権力からも独立した組織であるべきだ。」

ところが、徐々に状況が変化してきた。現在では、企業と協力しながら、積極的に新しい技術の研究開発を進める大学も多くなり、大学と企業との連携は必然であるとも言える。特に理系の場合、研究を進めていくには多額の資金が必要になる。しかし、国からの交付金がどんどん減らされる中で、十分な研究費がない。そこで、企業から大学への投資がますます重要になってくる。

　企業にとっては、新しい製品を開発するに当たって、その基礎的な技術の研究を大学に担ってもらえるというメリットがある。また、大学と関わりを深めることで、優秀な人材を確保するという側面もある。企業と大学が共同研究を行うことも増えており、こうした動きの中で民間の研究機関のレベルが上がっているのも事実だ。民間が目ざましい開発を行うことも少なくない。

　諸外国と比べると、日本の産学連携はまだ十分に進んでいるとは言えない状況にある。大学と企業がお互いのニーズや考え方をよく理解できず、マッチングがうまくいかないことも多いという。そうした問題を解決するために、産学連携のコーディネートをする機関を置く大学も出てきている。

　しかし、企業との結びつきが強くなり過ぎると、大学における本来の学問のあり方が軽視されるという問題もある。企業からの投資によって研究をするようになれば、どうしても短期間で利益につながるような研究が多くなってくる。日本の大学は基礎研究をおろそかにし、手っ取り早く製品開発に結びつく技術ばかりに力を入れていると指摘されることがある。そのために、将来ノーベル賞を取れるような学者が出にくくなっているとも言われている。

2016年にノーベル医学・生理学賞を受けた大隅良典は、「役に立たない研究をしよう」と呼びかけている。すぐに役に立つことばかりを考えて研究をしていると、じっくりと基礎科学に取り組むことができないからだ。

ただ、この「役に立つ」という言葉は、本来とても広い意味を持っているはずだ。必ずしも、金銭的な利益に結びつくということだけを意味するわけではない。人類の歴史を振り返ると、科学の発展は、人間の持っている世界観を大きく変えたり、社会のあり方に少なからず影響を与えたりしてきた。科学は、単に便利な技術を生み出す手段などではなく、文化としての側面を持っているのだ。

意見例

より広い視野から「役に立つ」研究を大学が行えるようにするためには、研究資金不足を企業に補ってもらうという発想だけでは難しいものがある。社会全体が学問としての科学研究の価値を理解し、長い目でそれを支えていくことが必要になるだろう。

これからの大学の存在意義とは？

知のネットワークを社会へつなげる

結局のところ、大学の存在意義とは何なのだろうか。大学のユニバーサル化が進んだとはいえ、やはり大学は高いレベルで研究と教育を行う最高学府だ。高度な能力を持った人材を多く輩出することが期待されている。最近では、グローバルに活躍できる人材を育成せよ、という国や産業界からの要請も強くなっている。

大学での研究・教育活動において、各分野での専門性を高めていくことはもちろん大切だ。ただし、気をつけるべきなのは、専門性を養おうとするばかりに、全体的な視野を失うことだ。現在、学問は細分化され、細かい専門性が求められている。もちろん、専門化し、より高度化する必要はある。だが、行き過ぎると、いわゆる「専門バカ」になってしまう恐れがある。

現代において、専門領域のことばかりを考えていると、極めて危険な技術を開発しないとも限らない。結果的に危険な生物や危険な兵器を作り出した、といったことが起こらないとも限らない。

学問というのは、世界を解明し、人類を幸せにするためのものだ。それを忘れて、細かい研究に没頭したのでは、本末転倒だ。そんなことにならないように、大学や市民によって、学者の研究を見守り、時に監視し、時にバックアップするようなシステムが必要だ。したがって、各分野の専門家を育てるとともに、教養のある市民を育てていくことも、大学の重要な役割だと言えるだろう。

意見例

そして、同時に大学内部で「学際化」を進めることも必要だろう。「学際化」というのは、学問と学問の交流のことだ。国と国が国際化するように、学問と学問が学際化するべきだと言われて久しい。

現代社会の出来事を解明するには、ひとつの学問領域だけでは不十分だ。少年犯罪を考えるにしても、教育学や心理学、精神分析学、文学、哲学、社会学など、さまざまな領域からアプローチする必要がある。

そして、学際化によって、学者たちは別の研究領域の学者と交流を深め、自分の領域から離れて世界を見ることができるようになる。そうなれば、自分の専門という狭い領域にとらわれず、広い視野を持って研究を進めていくことができるはずだ。

意見例

これからは、大学は知のネットワークの中心となって、世界に情報を発信し、世界から情報を受け取って、知の最先端を担う努力をするべきだ。ひとつの学問、ひとつの大学に閉じこもらず、企業や社会にも開かれた大学として、新しい学問を切り拓く必要がある。

そして、**そのようにして切り拓いた新しい知のあり方を一般の人々に開放していくことも、これからの大学に求められる重要な役割だと言えるだろう。**

大学は、地域に対してより開放されたものになっていく必要がある。そうすることで、大学は地域の情報ステーションとして、地域の文化と学問のレベルアップのために貢献することができる。

そのためには、市民文化講座なども積極的に開いていくべきだ。そして、大学に行きたくても行けなかった人や、もう一度学び直したい人に、興味ある分野での研究を行ってもらうわけだ。そうすることで、とりわけ高齢者の生きがいを作ることにもつながるはずだ。

意見例

また、大学は社会に対して、より直接的に貢献していくことも求められている。そのひとつのやり方が、**研究・教育活動における地域社会との連携**だ。

大学のキャンパスは、必ずどこかの地域の中にある。最近では、地域社会が抱える問題の解決に向けて、市民や行政と大学が協働で取り組むという事例も増えている。たとえば、学生が主体となってまちづくりを行っている地域がある。大学にしてみれば、地域社会が研究のフィールドになり、学生たちが実践的に学ぶ場ともなっている。市民や行政からすれば、高齢化が進む地域に活力が生まれ、地域の将来を担う人材を得ることにもつながる。

このように、少子化のために大学の生き残りが模索されている現在、大

学はこれまでのあり方から抜け出し、深い知の探究を行うとともに、幅広く社会に貢献できる研究・教育機関としての役割を果たしていく必要がある。

さらに言えば、こうした大学の役割は、君たち自身が何のために大学で学ぶのかということとも重なってくる。もちろん、大学で学ぶのは自分のためだろう。だが、それと同時に、そこでの学びが社会とどう関わっているのか、ということを常に意識しておくとよい。言い換えれば、社会に向かって、何らかの目的意識を持って学ぶということだ。

自分の学びは、社会の誰の役に立つのか。社会の何を変えていけるのか。そうしたことを考えていくことで、大学を卒業した後に進むべき道が具体的に見えてくるかもしれない。そして、何よりも、学ぶ意義と自分自身の成長を実感しながら、楽しく学び続けることができるだろう。

Check!

「大学・学問」

関連キーワード集

大学のユニバーサル化

大学（高等教育）への進学率が上昇し、一部のエリートだけでなく多くの人がアクセスできるようになる中で、教育のあり方が質的に変化していくこと。

教養教育（リベラルアーツ）

現代社会の問題解決に必要な力を養う教育。専門領域に限らず幅広い知識を学びつつ、自ら課題を発見し、それに取り組むための思考力や判断力などを育成することを目指す。

産学連携（産学協同）

大学などの機関と民間企業が互いに協力し、共同研究・共同開発や技術者の育成を行うこと。政府や地方公共団体などの「官」を加えた、「産学官連携」も試みられている。

自然科学

自然現象を研究対象とし、そこに見出される普遍的な法則性を探究する学問の総称。物理学・天文学・化学・生物学・地学などが含まれる。

社会科学

人間関係や社会行動によって生み出される社会現象を研究対象とし、それをさまざまな角度から探究する学問の総称。経済学・社会学・政治学・法学・教育学などが含まれる。

人文科学

人間の文化を広く研究の対象としている学問の総称。哲学・文学・歴史学などが含まれる。英語のHumanitiesに当たるもので、「人文学」という言い方もある。

頻出テーマ

9

現代における他者とのつながり

Check!

要点をつかむ

「現代における他者とのつながり」

日本が農村社会だった頃、地域の人が家族のように親しくつき合いながら生きていた。現在はそのような地域社会が崩れ、個人が孤立した社会になっている。また、インターネットの普及によってコミュニケーションのあり方は大きく変わってきた。このような状況も小論文で狙われるテーマだ。人文系、社会系、医学・看護系など、幅広い学部・学科で出題される可能性がある。

このテーマのPOINT

着眼点 現代における人々のつながり

- 現代社会では、地域のつながりが希薄になり、以前よりも人々や各家庭が孤立した状態になる傾向がある。
- インターネットやSNSの普及により、コミュニケーションのあり方が大きく変化し、新たな問題が生じている。

着眼点 人々のつながりに関する社会問題

- 小論文では、課題文を読んだうえで、「他者とのつながりについてどう考えるか」という形で問われることも多い。
- たとえば、引きこもりや虐待やいじめなど、具体的な社会問題と関連づけながら、つながりというキーワードについて論じられるように準備しておくとよい。

着眼点 インターネットやSNSの影響と今後のあり方

- インターネットやSNSのメリット・デメリットについて、明確な観点や具体的な事例を示しつつ論じられるようにしておこう。
- ネット社会において、適切に情報を活用したりコミュニケーションをとったりするためにはどのような能力が必要か、というメディア・リテラシーの観点も重視されている。

地域社会はどう変わったか？

人々のつながりの希薄化

昭和30年代。私は小学生だった頃、九州の田舎町に住んでいた。その頃、文字どおりの井戸端会議が行われていた。共同の井戸があり、そこに近所のおばさんたちが集まって情報交換をしていた。醤油がなくなった、スイカをもらったと言っては、融通し合ったり、分け与えたりしていた。そして、子どもたちは下は幼稚園児から上は中学3年生まで、大集団で遊んでいた。2チームに分かれて野球をしていたので、20人近くの大集団だったのだろう。

昭和の時代には日本中にそのような地域社会があった。そこで、地域の人たちが助け合い、気を使い合って生きていた。ところが、現代の、少なくとも都会には、そのような関係がなくなった。多くの人が企業に勤めているので、農村社会と違って、同じところにずっと暮らすとは限らない。子どもが減ってPTA活動によって親同士が交流することも少なくなり、おじいちゃん、おばあちゃんと同居しなくなったこともあって、家庭と家庭のつながりもない。

だから、昔のように、子どもたちを地域全体で育てているという意識がない。昔は、煙草を吸っている子どもを見かけたら、知らない子どもでも叱った。いや、ほとんどが知っている子どもだったので、余計に叱った。ところが、今では地域社会の助け合いがなくなっているので、よその家庭のことは、見て見ぬふりをする。

そのうえ、子どもたちは友だちと遊んだり、自然と遊んだりするよりも、ゲームやテレビなどの孤独な遊びをすることが多い。つまり、友だちとも自然ともコミュニケーションをとらない。生身の人間と知り合って、さまざまな価値観を持つ人と触れ合うことがない。自分の価値観に閉じこもって、コミュニケーションをとろうとしない。

かつてはコミュニケーションをとらなければ生きていけなかった。お店に行っても、駅に行っても、店員さんや駅員さんと口をきいてものや切符を購入していた。だが、現在は機械を通して物を買うことができ、切符なしで駅を通過でき、ひとりでパソコンやスマホに向かって買い物ができる。誰とも話をしないで生活ができる。

もちろん、地域社会にも悪い面はたくさんあった。集団主義的になってしまって、排他的になる傾向があった。つまり、地域社会で固まって生きているためにみんなが同じような価値観を持ち、そこから外れる人がいたら、白眼視され村八分になることがあった。外で会うのはみんな知った顔で、常に監視されているという息苦しさもあった。コミュニケーションをとるということは、裏を返せば、他人の生活に口出しをしておせっかいを焼くということでもある。

したがって、地域社会があったからといって、みんなが幸せに生きていたわけではなかった。だが、そこにコミュニケーションが築かれており、人々が支え合って生きていたことは間違いないだろう。そして、現在、そのようなあり方が変化したことも間違いない。

引きこもり問題をどう考えるか？

日本社会の構造的な問題

近年問題になっているさまざまな問題は、以前のような地域社会がなくなり、人々がコミュニケーションをとらなくなり、孤立していったことと無関係ではないだろう。そうした問題のひとつに、**引きこもり問題**がある。

いじめや人生に対する失望などを契機に、自分の部屋に引きこもって学校や会社に行かなくなり、他者との接触をほとんど絶ってしまう人を「引きこもり」と呼ぶ。中学生、高校生などの若者に多いが、社会人でも同じようにしている人がいる。中には、数十年にわたって引きこもる人もいる。

２０１９年の調査では、15〜39歳の引きこもりは54万人を上回っており、40〜64歳が、全国で推計61万３千人いるという。そのほとんどが数年間、数十年間にわたって引きこもっていると言われている。

引きこもる人のほとんどは物静かで内にこもる人たちなのだが、誰かがむりやり外に出そうとすると反抗して暴力をふるう人もいる。それが日常的な家庭内暴力に結びついている場合もあるという。時には、家庭内でなく家庭の外に暴力が向けられ、そうして起こった事件が大きく報道されることもある。２０１９年、長年引きこもった50代の男が小学校のバス停留所を襲って２人を死亡させ、18人にけがを負わせた川崎市の事件は衝撃をもたらした。

以前であれば、近所に引きこもりがちな人がいれば、誰かが外に連れ出そうとした。いや、そもそも人と常にコミュニケーションをとらざるを得ない状況だったので、引きこもろうにも引きこもりようがなかった。

ところが今は、地域社会での関わり合いが希薄になっているので、引きこもる人間が出てしまう。そこから地域社会に引き戻すこともできない。引きこもっている人がいるということも、周囲の人に知られていないことも多い。

「8050問題」と呼ばれる事態が進行している。引きこもっている人が50歳を過ぎて、親が80歳を超える。それまで、親が引きこもった子どもを経済的に支え、あれこれと面倒を見ていた。だから、引きこもっていても生活できた。ところが、親が80歳を超えると子どもの面倒を見られなくなる。他界することも多い。そうすると、子どもも生活が立ち行かなくなっていく。いまさら働くこともできず、誰にも助けを求めることもできずに死亡してしまう例も見られる。

意見例

このような状態を防ぐには、引きこもりが長期に及ばないように、早期のうちに本人や家族を支援するようなシステムを作る必要がある。また、公的機関に引きこも

意見例

りのサポートセンターを作って、さまざまな相談に乗れるような制度を作ることも必要だ。また、長期間引きこもった人に再出発してもらうためのサポートも必要だ。

だが、単に表面的な支援制度を作るだけでは不十分だ。引きこもり問題の解決を阻んでいる原因のひとつとして、「他人に迷惑をかけてはいけない」という風潮があると言われている。引きこもっている本人や家族が現状を変えようと思っても、他人に頼ることはよくないと考えてしまい、必要な支援を受けられないことがある。また、親が思い切って相談窓口に行っても、「甘えている」「育て方が悪かったのでは」と言われ、ショックを受けて支援を受けるのをあきらめてしまうケースもあるという。

本来、社会というものは、人々がいろいろな形で支援したりされたりすることで成り立ってきた。社会から孤立してしまった引きこもりのような問題を乗り越えていくためには、そうした社会のつながりを改めて作り直していく必要がある。さらには、多くの人が自分の中に閉じこもらなくてもよいような、息苦しくない、コミュニケーションをとりやすい社会を作っていくことが何よりも大事だろう。

虐待問題をどう考えるか？

家庭を孤立させない地域社会へ

しばしば虐待事件が報道される。子どもに対して親などの大人が虐待して死なせてしまう事件がある。親はしつけと称して幼い子どもに常軌を逸した罰を与えたり、長期間にわたって十分な食事を与えなかったりといったことが行われている。

これについても、地域社会が成り立ち、人々が密なコミュニケーションをとり合っていた頃であれば、誰かが虐待していると、家族か近所の人が気付いて、未然に防ぐこともできた。育児は地域のみんなで行うという意識があったので、現在のようにひとつの家庭内で孤立して育児をすることは少なかった。

ところが、今は核家族になって、親だけが育児をすることが増えている。以前であれば、近くに祖父母や叔父・叔母や友達がいて、相談に乗っていたのだが、現在は経験のあまりない親が子どもを育てる。その結果、ストレスがたまる。そこで子どもが言う事を聞かなかったり騒いだりすると暴力をふるってしまう。

暴力をふるった後も、以前であれば、周囲の人がそれをいさめ、なんとか虐待しないように導くこともできた。だが、現在ではそのような機能が薄れ、虐待が放置されてしまうことも少なくない。

現在、周囲の人や学校の先生などが虐待の恐れがあることに気付くと、児童相談所に相談し、児童相談所の調査と判断によって、子どもを保護するなどして虐待から防ぐことになっている。しかし、家庭の自立が重視されているために、児童相談所の職員はみだりに家庭内に立ち入ることは許されない。家族が拒否すると、虐待されていると疑われる子どもにも会えないことも多い。それが虐待を防げない原因のひとつになっている。

したがって、現在、児童相談所の職員の権限を強めて、虐待の恐れのある家庭に立ち入って強制的に捜査できるようにすることが議論されている。ただし、単に虐待を発見して子どもを保護したり、その親を罰したりすればよいというわけではない。むしろ、親への厳しい処罰がなされ、それが多く報道されるようになると、虐待を巧妙に隠そうとする親が増えていくことが危惧される。

虐待をする親には、必ず何らかの背景がある。子育てや仕事などで追いつめられていたり、「自分の力で子どもを人並みに育てなければならない」と強く思い込んでしまっていたりすることも多い。一生懸命子育てをしていると思っていても、気が付いたら子どもに暴力をふるっていたという事例も少なくないし、そのことを自分で自覚して悩んでいる親もいる。もちろん、虐待自体は許されない行為だが、悩んでいる親をさらに追いつめることにならないよう、周囲の人々がさまざまな立場から親を支援していくという姿勢が求められる。

また、子どもとその親が地域の人々と日常的につながりを持てるようにすることも大切だ。子育てで悩む親にとっては、近所の人から声をかけてもらったり、愚痴を言ったりするだけでもストレスが軽減されることがある。普段から関わりがあれば、まわりにいる大人が子どもの異変に気付いたり、子ども自身がＳＯＳを出したりしやすくなる。

意見例

「児童虐待防止法」では、子どもの虐待を発見した者には児童相談所などに通告する義務があるとされている。これを実質化させていくためにも、**地域の中で子どもの存在を認知し、子どもやその親が周囲の人々と良好な人間関係をつくれるような工夫を地域コミュニティ全体で行っていく必要がある。**

?

SNSは人々のつながりをどう変えたか？

新たなコミュニケーションのあり方とその問題

インターネットの発達、特にSNSの普及は、人々のつながりやコミュニケーションのあり方に少なからず影響を与えているだろう。その中で、いくつかの問題も指摘されてきている。

インターネットを介して、私たちはどこにいても誰とでもコミュニケーションをとることができるようになった。今では、小中学生でもスマホを使って家族や友達と日常的にやり取りをすることは珍しくない。

２０１７年の内閣府の調査によると、若者世代の62.1％がインターネット空間を自分の居場所だと感じているという。ＳＮＳを中心としたインターネット空間は、ある意味ではリアルな地域社会から孤立しつつある人々同士が新しいつながりを持てる場所でもあると言えるかもしれない。

ところで、ＳＮＳなどによる現代のつながり方には、ひとつの特徴がある。たとえば、先ほどの内閣府の調査では、インターネット空間は「深く関わらなくてすむので参加しやすい」という意見がかなりの割合を占めている。特に現代の若者は、どちらかといえば深く関わり合うことなく、互いを傷つけ合わないようなつながり方を求めていて、SNSはそれにうってつけのコミュニケーションツールなのだ。逆に言えば、SNSの登場によってそうしたコミュニケーションのあり方が促進されたとも言えるだろう。

こうした状況自体は、一概に良いとも悪いとも言えない。ただし、新

意見例

しいコミュニケーション方法の普及によって、新しい問題が生じていることには注意が必要だ。

ＳＮＳでは、現実の人間関係を空間の移動によって途切れさせることが難しい。家に帰っても、ＳＮＳを介して送られてくる友人からのメッセージに反応しなければならず、「いいね」を返すことが暗に求められることになる。また、仕事上の関係でも、時間を問わず上司から連絡が来てしまい、気が休まる暇がないという声が上がっている。

フランスでは、業務時間外に会社から連絡があっても拒否できる「つながらない権利」を定めた法律が２０１７年に施行されている。**仕事でも友人関係でも、一般的なマナーとして、過剰なつながりを控えることの重要性を社会で共有していく必要があるだろう。**特に、ＳＮＳを使い始めた子どもたちに対しては、いじめなどの問題に発展する前に、ＳＮＳとのつき合い方を学ぶ機会を作っていくことが大切だ。

また、しばしば**SNSの炎上**が話題になる。これもまた、新しいコミュニケーションツールが生み出した問題だと言える。

現実の社会空間では、他人が失敗しても、ちょっとした不道徳なことをしても、面と向かって激しく攻撃するようなことはあまりない。陰でこそこそと悪口を言って、白い目で見るということは多くあるだろうが、それが集団での激しい攻撃にまで発展することはまれだ。

しかし、SNSの普及は、不特定多数の人々からのメッセージを強制的に受け取らされてしまうという状況を生み出すことになった。しかも、匿名の人々から特定の個人に対して、衆人環視のもとで攻撃的なメッセージが投げつけられるといったことが起こっている。

人のちょっとした言い間違い、ちょっとした異論についても許さない。タレントの発言に矛盾点があると、それを攻撃する。あるタレントのインスタグラムでの発言が「上から目線だ」ということでおおぜいが非難、攻撃する。質素であることをアピールする女性タレントの写真に高級な商品が映り込んでいるといって総攻撃する。中には脅迫まがいの書き込み、人格を全否定するような書き込みもある。誰かの「あら」を見つけて、それを攻撃しようと虎視眈々と付け狙っている人々が一定数いるのだろう。

お笑いタレントがかつての凶悪事件の犯人のひとりだと誤解されてSNS上で総

攻撃を受け、脅迫が行われ、タレント生命の危機に陥ったという事件があった。そのほか、何かの事件の犯人と姓が同じというだけだったり、関連を疑わせる書き込みなどがあったりしただけで、犯罪の関係者だと誤解を受けて、SNSや電話で総攻撃をされ、仕事を妨害されるという事件が相次いでいる。誤解だったことが明らかになっても、インターネット上に情報が残っているために、まだそれを信用する人が現れ、いつまでも嫌がらせや脅迫が続くと言われる。

ただし、ある調査によれば、こうした炎上行為に加担している人々は全体の0.5％に過ぎないという。とはいえ、ごく少数の人々の行為が、インターネット空間全体に大きな影響を与えてしまっているのだ。

インターネットやSNSは急速に普及し、現在は、社会がまだ技術の進歩に追いついていない状態になっている。SNSを利用している人のほとんどは、その危険性や適切な使い方について十分に学んだり話し合ったりする機会がないまま、いつの間にか毎日使うことが当たり前になってしまった。

新しい技術が人々の生活スタイルや人間関係のあり方を変えるというのは、人類の歴史の中でくり返し起こってきたことだ。しかし、健全な社会を維持するために

意見例

は、意図的に新しい社会のルールやマナーを構築していく必要があることを忘れてはならない。たとえば、自動車の普及に伴って、現在のような交通ルールが次第に整備されてきた。技術の進歩と普及の速さが増している現代では、社会における新たな技術の適切な活かし方についても、急ピッチで研究や教育を進めていくことが不可欠だと言える。

?

他者との関係性はどうあるべきか?

多様な他者への寛容さ

意見例

これからの社会は、もっと寛容で、もっと多様な価値観を許容する社会を目指すべきだろう。自分の狭い価値観で他者を攻撃するのではなく、さまざまな価値観を認め、多くの価値観が共存できる社会を作る必要がある。実際、近年の日本ではそうした方向での社会づくりが模索され、具体的な法制化や教育なども徐々に進められてきている。

これからもグローバル化は進んでいくだろう。外国人観光客も増えるだろう。宗教も信念も、家族のあり方も個人のあり方も、結婚のあり方も、教育のあり方も、食のあり方も多様化するだろう。かつてのようにみんなが同じような価値観を持って、同じように生活するような社会ではなくなるだろう。少数者の考えや生き方も十分に尊重する社会であることが望まれる。

そのためにも、多様な価値観や背景を持つ他者への寛容さを身に付け、それを前提としたコミュニケーションをとっていくことが大事だ。自分の中に閉じこもったり、自分だけの価値観を押しつけたり、自分の考えで他者を断罪するのではなく、さまざまな人々と出会い、自分とは異なる経験や価値観を持つ人がいること、その人たちもプライドを持って真面目に生きていることを実感する必要がある。SNSについても、他者攻撃の道具としてではなく、コミュニケーションを豊かにする道具として使う必要がある。

Check!

「現代における他者とのつながり」

関連キーワード集

引きこもり

家族以外との人間関係がほとんどなく、就職や就学といった社会的活動を長期にわたって避けている状態。国による定義では、そうした状態が半年以上続いていること。

8050問題

引きこもりが長期化・高齢化することで引き起こされる問題。80歳前後の親が50歳前後の引きこもりの子を養うことになり、生活の困窮や社会的孤立のリスクが生じる。

児童虐待

養育者が子どもを傷つけたり、子どもの成長に悪影響を与えたりする行為。身体的虐待、性的虐待、ネグレクト（養育の放棄・怠慢）、心理的虐待の4つに大きく分類される。

児童相談所

18歳未満の子どもの福祉に関する相談に応じ、支援を行う行政機関。子どもの虐待のほか、子どもの発達・障害・非行・不登校についてなど、幅広い業務を行っている。

つながらない権利

労働者が、勤務時間外には仕事上の電話やメールなどの連絡をすべて拒否できる権利。フランスなどでは、こうした権利について法律上定められている。

ネット炎上

著名人や企業などの言動が反感を買い、インターネット上で非難・批判が殺到して収拾がつかなくなっている状態。特に、SNSの普及に伴って急激に増加している。

Theme10

頻出テーマ

10

現代の医療

Check!

要点をつかむ

「現代の医療」

医学部はもちろん、医療・福祉系の学部を志望している人は、医療に関する問題について、しっかりと頭に入れておく必要がある。もちろん、専門的な治療法などについて知る必要はないが、医療の倫理に関する問題は、大頻出テーマ。また、法学部系を目指している人も、基本的なことは知っておいたほうがよい。

このテーマのPOINT

着眼点 医療に関して何が問題になっているか？

- ほかのテーマと同様、医療のテーマでも社会で活発に議論されている問題が多く問われる傾向にある。
- 医療費負担のあり方、臓器提供や脳死をめぐる問題など、いくつかのトピックについて自分の意見を持っておく必要がある。
- さまざまな問題に対して社会全体がどうしていくべきかという観点も重要だが、医療関係者として自分が何をすべきかという観点からも考えておこう。

着眼点 日本社会の特質から見る医療

- 日本は超高齢社会であり、高齢者との関連で医療に関する問題が問われることも多い。
- たとえば、高齢者への終末期医療に関して、現状の説明や問題への対策などが問われることがある。
- 医療の観点から、日本社会が抱える問題点を説明したり、将来の日本の姿を予想したりすることが求められることもある。

着眼点 科学技術の発達が医療にもたらすもの

- 医療に関わる科学技術の発展についても、ニュースなどで最新の情報に触れておこう。
- 特に、近年はAIの発達と医療現場への導入が目覚ましく、AIと医療を絡めた出題もどんどん増えている。
- 「AIの進歩が医療にどのような影響を与えるか」、「AIが導入された将来の医療現場で、医師としてどのように活躍できるか」といった問いに答えられるようにしておきたい。

人の生と死に医療はどう関わるべきか？

生命倫理（バイオエシックス）の考え方

かなり前のことだが、親戚の入院している病院に行って驚いたことがある。ひょいと2階に行ってみたら、大きな部屋にベッドが数十と並び、どのベッドにもお年寄りが横たわっていた。どのお年寄りもパイプや機械をつながれ、生気がなかった。つまり、そこには、死を待つお年寄りたちが横たわっていたわけだ。

この情景を見て、私自身としては、「長生きするのも考えものだな」と思わずにはいられなかった。

現在の医療で今や常識になろうとしているのが、「生命倫理」という分野で示されている理念だ。

生命倫理とは、ギリシャ語のビオス（生命）とエーティケー（倫理）に由来する「バイオエシックス」という英語の訳語で、医学や生命科学の発展によって生じた倫理的な問題を扱う学問分野を意味する。つまり、生と死に医療がどう関わるべきか、ということを考えていくものだ。これからの医学は、生命倫理の理念に基づくべきだという考えが、世界に広まっている。

生命倫理の理念の基本原理は、**「自己決定」**だ。患者が自分の病気をどのように治療するかを、患者自身が決定する権利を持つと考える。そして、**生活の質（クオリティ・オブ・ライフ＝QOLと略される）**を重視して、患者が自分らしく生きることを目指す。

これまで、生活の質よりも、生命の神聖性（サンクティティ・オブ・ライフ＝SOLと略される）ばかりが重視され、患者の生命を救うことが何よりも重視された。だから、患者を機械につなぎ、苦痛を感じさせてでも、長生きさせることを最優先してきた。本人が望もうが望むまいが、生きさせることを目指した。

だが、それに対して、疑問が強まってきた。そうして出てきたのが生命倫理の考え方だと言っていいだろう。生命倫理の理念では、無理やり生かすよりも、患者の幸せ、患者の生きがいを重視するほうが好ましく、患者の意思を無視し、無理に入院させて、患者の生きがいを奪ったりするのでなく、QOL（生活の質）を重視し、患者の意思を尊重するべきだと考える。

つまり、この考え方によると、医療の使命とは、患者の命を何がなんでも救うことではなく、むしろ患者が自分らしい生活を送れるように、患者を手助けすることだ。医療の主役は患者本人であり、医師などの医療関係者は、それを補佐する存在とみなす。

だから、延命治療を行うかどうか決定する権利は患者にあると考えるわけだ。そして、本人がむりやり生かされることを望まないのなら、延命治療を拒否して、**「尊厳死」**を選ぶことができると考える。尊厳死は「消極的安楽死」とも呼ばれ、死に至る措置を意図的にとる「積極的安楽死」とは区別される。生命倫理の分野では尊厳死についてさまざまな議論がなされているが、特に患者本人の意思を尊重することが重視される。

これに付随して、**「生きているうちに発効する遺書（リビング・ウィル）」**を認めるべきだという考えも広まっている。遺書（ウィル）というのは、普通死後の自分の財産などを整理しようとして言い残すものだ。だが、死後だけでなく、意識を失ったとき、あるいは認知症などで正常な判断を持てなくなったときのために、前もって意思をはっきりさせておこうというのが、「リビング・ウィル」の考え方だ。

たとえば、「私は延命治療を望まないので、生存の可能性がないときには、むりな治療はしないでほしい」などと言い残しておくわけだ。もちろん、医師はそれに従わなければならない。医師は自殺や殺人に手を貸すことはできないにしても、できるだけ無意味な延命治療をしないなど、患者の意思に従うべきだとされる。

こうなると、これまでのように、末期の患者をむりやり治療（キュア）しようとするのでなく、死を待つ患者への看護（ケア）が重視されるようになる。少しでも苦痛を和らげ、死への不安を減らし、安らかに死を受け入れられるようにカウンセリングを行い、ケアを行うのが、終末看護（ターミナル・ケア）の役割だ。

以上が、生命倫理の考え方と言っていいだろう。

治療の方針を誰が決めるのか？

患者による自己決定とその支援

ところで、これと似た考え方に、インフォームド・コンセントがある。インフォームド・コンセントは「説明と同意」などと訳されるが、要するに、医師が病名、薬、治療法、副作用などについて隠さずに患者に説明し、同意を得てから治療を行うという考えのことだ。

以前、医師は先生、患者は生徒のような関係だった。薬の名前を聞いても教えてくれないことがほとんどだった。私自身も、学生だった頃、あまりにたくさん薬が出るので、軽い気持ちで、「これ、何の薬ですか」と聞いたところ、「そんなことは知らなくていい。黙って、言われるとおりに飲みなさい」と怒鳴られて、びっくりしたことがあった。

その頃、患者は自分の体を医師に任せっきりにしていた。患者は自分の病気についても知る権利がなく、ただ医師の言いつけを守るだけだった。手術を受けても、それがどんな手術なのかも知らされないことさえあった。

だが、民主主義が定着し、生命倫理の考えが広まってきた現在、それを改めようという考えが強まってきた。つまり、医師は患者に薬の効用、その副作用、治療の状況、見通しなどを説明し、それに同意を得たうえで、治療行為を行うべきだというわけだ。

そうすることで、**病気の主体は患者本人であり、患者が自己決定を行い、それを重視するべきだ、医師というのは、助言者でしかなく、患者を一方的に指導するべきではない**と考えられるようになってきた。そのため、最近では、薬の名前も教えてくれるようになった。副作用の可能性があるときにも、詳しく教えてもらえる。患者と医師の関係は、同等に近づいたと言えるだろう。

しかし、このような、生命倫理やインフォームド・コンセントの理念にも反対意見がある。

「自己決定ということを認めてしまうと、たとえば積極的安楽死も認めることになりかねない。あるいは、自殺までも本人の意思次第ということになってしまう。医療の使命は、あくまでも患者の命を救うことだ。これらの考え方は、医療の使命を曖昧にしてしまう。それに、インフォームド・コンセントが定着するには、ガンなどの重病の告知をする必要が出てくる。告知して、病名をはっきり告げてこそ、インフォームド・コンセントが成り立つからだ。だが、依頼心が強くて宗教心が弱いために、日本の人々は病名を告知されると、冷静に病気に立ち向かえなくなるとも言われる。そして、個人主義的な傾向が弱いために、自分のことを自分で決定しようという傾向も弱い。日本では、これは受け入れられないのではないか」というのが、代表的な反対意見だ。

とはいえ、生命倫理やインフォームド・コンセントの考え方は、今後さらに広まっていくことになるだろう。

臓器移植はどんな問題を抱えているか?

脳死をめぐる対立

医学に関することで、一般社会の関心を引いている問題として**臓器移植**がある。臓器移植法によって、「ドナー（臓器提供者）になる意思のある人間が脳死になった時には、脳死を人の死とみなして、臓器移植をしてよい」とされている。

脳死というのは、心臓が停止する前に脳が死亡した状態のことだ。医療機器の発達のために、数時間、このような脳死という状態が見られるようになった。脳死に陥ると、ほぼ100パーセント心臓は停止する。心臓停止後では、臓器が死んでしまうので移植しにくい。移植するには、脳死を人の死と認めることが必要となる。こうして、脳死が、ドナーになる意思のある人に限ってだが、死と認められ、臓器移植の道が広がったわけだ。

だからといって、「臓器を移植すれば助かる人がいるのだから、臓器移植を進めるべきだ」とだけ考えるべきではない。ここには、もっと複雑な問題がある。法律で決まったものの、日本では、脳死を人の死と認めることには抵抗がある。だから、臓器移植法が成立しても、なかなかドナーが現れない。まだまだ、日本では、臓器移植に対する抵抗が強いようだ。

日本で臓器移植が定着しないのは、心臓が停止していないので、人体は温かいという事情がありそうだ。だから、温かみの残る肉親の臓器を切り取ることを望まない人も少なくない。

しかも欧米では、キリスト教の影響で、魂を特別な存在と考えて、魂が救われれば肉体はどうなってもいい、と考える傾向が強い。魂が本人であって、肉体は仮のものだと考えている。だから、臓器摘出にそれほど抵抗はない。

ところが、日本では肉体を魂と切り離して考えない人も多い。そのような人々は、肉親の身体を傷つけないまま死なせてあげたいと思う。だから、日本では、脳死を人間の死と認めることへの抵抗も根強い。

また、脳死を認めると、医師が重症患者の医療に力を入れず、臓器移植をしたがるのではないかという心配もある。臓器移植をするほうが、医師にとっても、病院にとってもメリットは大きい。名誉も得られるし、研究欲も満足できるかもしれない。そのうえ、脳死で人から臓器を取り出すということは、言わば、医師がその人を最終的に死なせるということになるので、医師にそんな権利があるのかどうかも、議論の対象になっている。

臓器移植に反対の人は、こう言う。「人間の肉体は部品ではない。肉体を部品として扱うと、臓器の売買、臓器目的の誘拐、殺人などを引き起こすことになる恐れがある。また、人間の臓器に値段がついて、金持ちほど長生きし、貧乏な人は臓器を売るという状況にもなりかねない。事実、途上国では、自分の臓器を先進国の人に売って、金を手に入れようとする人が増えて問題になっている。こうしたことは、人間の尊厳を損ねるばかりか、生命の平等という近代社会の原則を脅かす。医師は、人間の命を救うことだけを義務づけられている存在であり、それ以上の決定を下す権利を持たない。それに、臓器移植を認めると、人間の生命までが科学に司られることになってしまう。」

意見例

これからは、臓器移植が広まるだろうし、もっと技術も発達するだろう。脳死も人の死と認められる傾向にある。**救われる命がある以上、臓器移植にあまり消極的であるべきではないかもしれない。しかし、この反対論者の意見はしっかりと踏まえたうえで、できるだけ問題が起こらないように努力する必要があるだろう。**

意見例

そのためには、正確な情報公開を行うことが必要だ。情報公開が正確になされれば、不正の入り込む余地はなくなる。人々の監視のもとで脳死判定・手術・レシピエント（患者）の選択が行われる。ただし、情報公開がプライバシーの侵害にならないように十分に注意する必要がある。

新しい医療技術は何をもたらすか？①
クローン技術が揺るがす人間の尊厳

ところで、医学問題の議論における重要なテーマとして、科学が生命の本質をいじるまでになったという事実がある。そして、その典型として、羊や牛の**クローンの問題**が挙げられる。

クローン技術というのは、元の動物の細胞中の核から、まったく同一の個体を作り出す技術だ。

クローン技術の最大のプラス面は、ブタやサルの遺伝子操作をすることによって、人間に必要な臓器や物質を作り出すことができることだ。また、成長が速くておいしい食肉を短期間に大量に生産することも可能になって、食糧危機の恐れのある地球を救う可能性がある。そしてまた、人体や遺伝子の解明が進み、これまで不治の病とされてきたいくつもの難病を完治させる可能性もある。

マイナス面としては、遺伝子を操作するのに、どのような危険があるのか、今のところわかっていない点が挙げられる。クローンで作った羊や牛の肉には、それを食べた人間の遺伝子に将来、危険を及ぼす可能性がないとも限らない。また、人間が遺伝子を操作して、生命をいじり、クローン人間を作り出す危険もある。

クローン人間ができると、「本物」の人間が病気になったときの臓器の予備として使うようになったり、死んだ子どもなど、愛する人の身代わりとして使おうとしたりするだろう。だが、クローンは人間なのだ。ロボットではなく、自分の意思や人格を持つ。たとえ同じ遺伝子からできているとしても、それは、もうひとりの自分というわけでなく、別の人格を持つ。「使う」ことのできない存在なのだ。

しかも、クローン人間が一般化してしまうと、かけがえのない唯一の存在であるはずの人間の尊厳を奪う恐れがある。人間は唯一の存在なのに、「予備」を作ることが可能になってしまう。「死んだ息子の代わりに、息子のクローンを作ろう」「自分が病気になったときに臓器提供できるクローンを作っておこう」「恋人にふられたので、恋人のクローンを作って自分のものにしよう」、そんなふうにクローンが使われる恐れがある。そうなると、生命のかけがえのなさが奪われ、人間の尊厳がなくなってしまう恐れがある。つまり、生命の本質に医学が介入するために、人間の尊厳が侵されてしまう恐れがあるわけだ。

意見例

新しい医療技術は何をもたらすか？②

生命の神秘に立ち入る医学

同じような問題が、クローン以外の面でもしばしば議論されている。たとえば、生殖医療も基本的に同じような問題を持つ。人工授精（夫の側に不妊の原因がある場合、妻の膣内に人工的に夫の精子を入れる）、体外受精（妻の側に不妊の原因がある場合、卵子を人工的に受精させて、それを妻の体内で育てる。妻にそうした能力が欠ける場合は、別の女性に出産を依頼する代理出産などを行う場合がある）、男女産み分けなどだ。現在の医療では、子どものできない夫婦の希望を聞いて医療を行い、かなりの要望に応じることができるようになっている。だが、それが全面的に許されるようになると、夫婦間でなく、別の人物の精子・卵子による生殖医療、優れた遺伝子を持つ男性の精子の売買などが起こってしまう。「夫婦の精子・卵子に限定する」「売買は禁止する」などの基準を作らないと、人間の尊厳が失われてしまいかねない。

もうひとつ、子どもにダウン症などの染色体異常による障害があるかどうかを診断する出生前診断にも同じ問題がある。

もちろん、このような診断をすることによって、障害を持った子どもを産まない、つまり中絶することが選択できる。もしそのまま生まれても、精神的、肉体的、経済的に本人も苦しい思いをし、家族も苦しむことになる可能性がある。したがって、このような診断は有益と考える人もいる。

しかし、障害を持っているという理由で中絶することは、障害を欠陥として否定することになる。そして、障害者を排除されても仕方のない存在だとみなすことにつながり得る。障害者の権利を否定することになるのだ。

つまり、医療の発達のために、医学が障害のある子どもを排除することに手を貸していることになるわけだ。そんなことが許されるのか。じっくり考えてみるべき問題だ。

2003年4月、ヒトゲノム（人間の遺伝子）解読の全作業が終了した。ヒトの遺伝子の数は意外に少なく、ハエの2倍程度だという。このような遺伝子研究の成果は、医学の分野にも大きな影響を与えることになる。病気の仕組みや原因、治療法の研究につながり、これまで難病とされてきたさまざまな病気の治療法が発見されるかも知れない。

しかし、多くの問題が起こってくる。ヒトゲノムを読み取ることによって、その人間の最大のプライバシーが暴かれることになる。その人物が重大な病気の遺伝子を持っていることがわかれば、たとえば結婚相手として不適格ということにされかねない。

いや、それよりも何よりも、遺伝子情報をいじることによって、医学が生命の根本を操作することにつながってしまう。人為的に生命を作り、人間を変えることが、果たして人類に許されることであるのか。もっと議論をする必要がありそうだ。

そして、しばらく前から最も話題を集めているのが、**再生医療**だ。2012年、日本の山中伸弥教授がノーベル生理学・医学賞を受賞したが、その受賞理由は、**iPS細胞**の研究によるものだった。

iPS細胞とは、人工多能性幹細胞（induced pluripotent stem cell）のことで、さまざまな細胞に分化することのできる細胞を指す。この技術を応用することで、臓器移植に頼らずに、自分の組織を再生することによって、健康な体を作り出すことが可能だと言われる。

まだ研究は始まったばかりなので、大きな成果をすぐに期待することはできないし、この技術も、人間の立ち入ってはならない領域に関わることは間違いない。しかし、将来の医療のあり方を決定づけると同時に、日本がこの分野で大きな役割を果たすことが期待されている。これからの医学界で大きな話題を呼ぶことは間違いないだろう。

AI技術は医療をどう変えるか？

AIによる効率・精度の向上、病気の予測

これからの医療を大きく変えようとしているのがAI技術だ。

すでに日本の医療現場でも、AIが徐々に導入されてきている。AI技術は、医療の分野でさまざまなメリットを生み出すことが期待されているが、その一方でいくつか問題も指摘されている。

医療現場でAIが特に活用されつつあるのが、画像の分析による病気の診断だ。2016年に東京大学医科学研究所が発表したところによると、IBMが開発したWatson（ワトソン）というシステムが、専門家でも診断が難しい特殊な白血病をたった10分で突き止め、患者の命を救ったという。もはや、AIによる診断は人間の能力を超えてきている。

病気の診断以外にも、インフルエンザなどの病気の流行を予測するなど、AIにできることはたくさんある。もちろん、カルテなどのデータ入力にもAIを役立て

ることができる。

今後、ＡＩが多くの病院に導入され、医師が現在行っている仕事の約8割を代行するようになるとも言われている。そうすると、医師の長時間労働が改善されたり、地方の医者不足が解消されたりすることも期待できる。専門の医師がいなくても、ＡＩを搭載したロボットが手術をすることも可能になるかもしれない。

ただし、ＡＩも万能というわけではない。確かに、ＡＩは過去の医学論文などを大量に学習することで、人間よりも早く、正確な診断をすることができるようになる。だが、病気の診断を行おうとするとき、過去のデータが少ない症例の場合には一気に精度が下がってしまう。また、ＡＩは人間のようなうっかりミスをすることはないが、システムの故障による誤診が起こる可能性は否定できない。

問題は、AIを使って医療ミスが起こった場合、その責任を誰が取るのかということだ。２０１８年に厚生労働省が出した通知では、ＡＩのプログラムを利用した診断・治療において、最終的な判断の責任を医師が負うということが示された。ただ、医師は医療の専門家であってＡＩの専門家ではないため、どういう場合にＡＩの判断に問題がありそうかということを理解するのが難しい場合もある。今後、どこまでが医師の責任になるのかということをさらに議論していく必要がある。

　ところで、ＡＩがどんどん病院に入ってくる中で、医師にはどういったことが求められるだろうか。

　医療現場でＡＩを正しく使いこなせるようになるためには、ＡＩには何ができて、どんな問題が起こり得るのかということを把握しておく必要がある。ＡＩの理解に関する基本的な能力は、「ＡＩリテラシー」と呼ばれることもある。医師を育成する専門教育で、ＡＩリテラシーを向上させていくことが不可欠だと言える。

　また、ＡＩと患者の仲立ちをすることも、これからの医師に求められる大事な

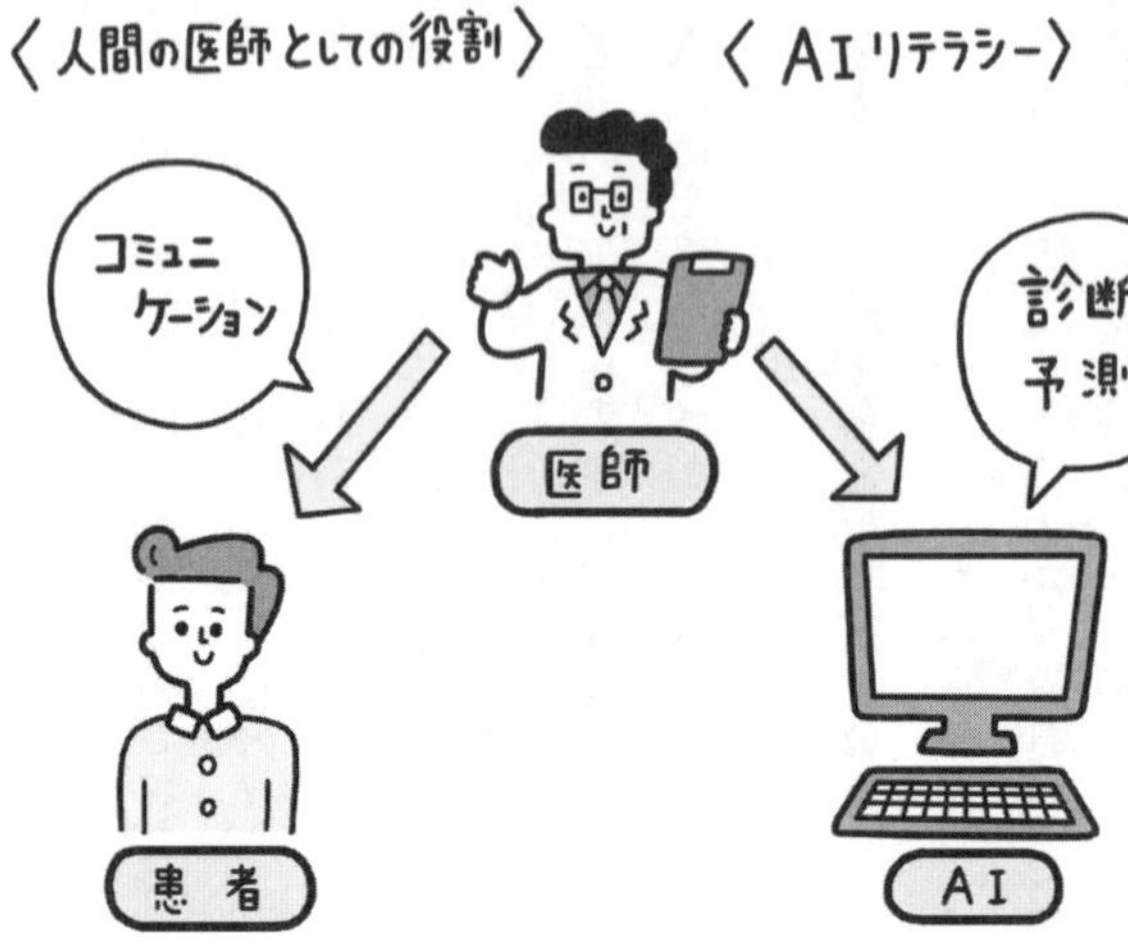

意見例

仕事だ。ＡＩによる診断・治療は患者を不安にさせてしまうこともあるからだ。ＡＩ医療が進んでいるアメリカでも、ＡＩによる診療に患者が抵抗感を示すことが多くあるという。ひとつの原因として、「ＡＩが一般的な患者に対して正確な診断・治療をしてくれるとしても、たったひとりの人間としての『私』に合った医療をしてくれないのではないか」という不安があるのだ。

考えてみれば、ＡＩを使うかどうかにかかわらず、病院で診断や治療を受ける患者はいつも不安な思いを抱えている。そうした場面で医師に求められているのは、単に仕事を正確にこなすということだけではないはずだ。たとえば、「痛かったですね」「一緒に治していきましょうね」といった、患者に共感するコミュニケーションを行う中で、患者の気持ちに寄り添った治療をおこなっていくことも重要だ。

ＡＩは患者に対して共感を示してくれることはない。ただ、ある意味では冷たく示されるＡＩの判断を医師が参考にしながら、患者にとってより納得のいく医療行為を行っていくことはできる。**AI技術を医療現場で活かしていくためには、AIリテラシーを高めるとともに、人間の医師ならではの役割を改めて考えていく必要がある**のではないだろうか。

Check!

「現代の医療」

関連キーワード集

生命倫理（バイオエシックス）

臓器移植や人工授精に関するものなど、医学・医療や生命科学の発達によって生じた倫理的問題について、従来の専門分野の枠を越えて学際的に研究していく学問。

クオリティ・オブ・ライフ（QOL）

一人ひとりの人生や生活の質のこと。特に医療や介護の場において、身体・心理・社会・経済などさまざまな観点から、患者の主観的な幸福感や満足度を捉える概念。

安楽死・尊厳死

苦痛の激しい末期の患者に対して薬物投与などを行い、死期を早めることを安楽死と言う。一方、人工的な延命措置を中止して、自然な死を迎えさせることを尊厳死と呼ぶ。

インフォームド・コンセント

病気・検査・治療などの内容について、医師が患者に対して十分に説明し、患者がその内容を十分理解したうえで判断や意思決定を行えるよう支援するという考え方。

ヒトゲノム

ヒトの全遺伝情報のこと。約30億塩基対のDNAから成り、それらを解読するヒトゲノム解析計画が2003年に完了した（その後、解析結果の修正が行われている）。

iPS細胞（人工多能性幹細胞）

皮膚などの体細胞に特定の因子を導入し、培養して作られた多能性幹細胞。体のあらゆる臓器や組織に変化することができ、再生医療や創薬研究への貢献が期待されている。

頻出テーマ 11

食

Theme 11

Check!

要点をつかむ

「食」

栄養・生活・家政系の学部・学科では、食品や食生活に関わる問題が大頻出テーマだ。また、農・医療・経済・環境・教育などの分野でも、食という観点から幅広く出題されている。自分の志望学部を意識しながら、特に日本社会が抱える食の問題について理解しておく必要がある。

このテーマのPOINT

着眼点　日本における食の問題とは？

- 食生活の面では、ライフスタイルの多様化に伴い、外食や孤食などが増えることで、栄養バランスの偏りなどの問題が指摘されている。
- 遺伝子組み換え食品や食品添加物などに関して、食の安全性をどう確保するかも議論されている。
- 食料問題という観点から見ると、食料自給率の低さや食品ロスの増加など、食に関する社会全体の仕組みを改善していくことが課題になっている。

着眼点　良い食生活とはどんなものか？

- 栄養系や家政系の学部・学科では、現状の問題を踏まえて、どのような食生活が望ましいかということが問われることがある。
- 栄養面だけでなく、精神的な面も含めて、豊かな食生活とは何かについて自分なりの考えを持っておきたい。

着眼点　食に関する問題にどう取り組むか？

- 農業や経済などの観点から、日本の食料問題にどう取り組むべきかを問われることもある。
- 食料問題に対しては、すでに試みられている先進的な取り組みなどを押さえながら、問題への有効な対策を論じられるようにしておく必要がある。
- 食育をテーマとする出題も多い。ただ漠然と「食育が必要だ」と述べるのではなく、具体的な意見を書けるように準備しておこう。

家庭の食生活はどう変化したか？

外食・中食や孤食・個食の増加

現代の日本における一般家庭の食生活は、多くの面で問題を抱えていると言われている。そもそも、日本の普通の食生活というと、どんなイメージを持つだろうか。日本の標準的な食事は、「一汁三菜」と表現されることがある。基本的には、米を主食として、肉や魚や野菜などを使ったおかずがいくつかあるような食事のことだ。実は、こうした「日本型食生活」が確立したのは1980年頃だった。栄養的なバランスの取れたこの食生活は、海外からも高く評価され、日本を世界有数の長寿国に押し上げたと言われている。

ところが、その後、こうした日本型食生活のバランスは崩れてきている。米の消費量が減って、脂肪分の多い食事を摂る人が多くなっている。また、1日3食を基本とする食事のリズムも規則正しいものではなくなっている。こうした変化には、人々のライフスタイルが多様化し、食事に関するいろいろなサービスが登場したことが関わっている。

日本の食生活の変化に大きな影響を与えたもののひとつが、外食産業の発達だ。今では多くの家庭で、外食を利用している。最近では、値段も安くておいしいレストランが増えている。かく言う私も、大学での授業がある期間には、ほとんど毎日、外食をしている。

もちろん、外食にも好ましい面はたくさんある。エスニック料理など世界の食文化を知って、食のバラエティが豊かになる。仕事や子育てで忙しい人の負担を減らして、個々人が自分らしく生活する手助けにもなる。ときどき、家族や友人とレストランで食事をするのも精神的によいことだ。しかし、ほとんど毎日外食というのは考えものだろう。

外食にすると、どうしても栄養が偏りがちになる。カロリーの高いものが主体になって野菜不足になりやすい。しかも、とりわけ若者の場合、外食になると洋食主体になる。油をたくさん使ったファストフードが主体になる。そうなると肥満に陥りやすい。種々のビタミン、中でも緑黄色野菜にたくさん含まれるビタミンA、B群、Cが不足する。

外食以外にも、**調理済みの総菜を買ったり出前を取ったりする中食**も増加している。特に、近年はネットを介した出前サービスを利用する人も多くなっている。店で売っている惣菜などをうまく活用すれば、時間や手間をかけずに必要な栄養を補い、食事をより楽しいものにすることもできる。しかし、手軽さばかりを考えてしまうと、栄養バランスが偏り、生活習慣病のリスクが高まることになる。必要な栄養素が不足すると、イライラしやすくなったり、精神的に不安定になったりする可能性もある。「健全な精神は健全な肉体に宿る」とよく言われるが、「健全な肉体と精神は、健全な食生活によって生まれる」という面もあるだろう。

また、現代の食生活の変化は、家庭内の人間関係や子どもの成長にも影響を与えることになる。家庭というのは、社会の基本単位だ。個人は家庭で育ち、家庭で自分を作っていく。日々の食事は、人間にとって大切なコミュニケーションの機会でもある。

ところが、現在、家族とコミュニケーションをとりながら食事をする時間があまり取れないという人も少なくない。特に朝食についてはその傾向が強い。2019年の農林水産省の調査によると、若い世代の男性の場合、家族と同居していても朝食を一緒に食べることがほとんどないと答えた人が約4割にのぼる。

現代の日本では、共働きの家庭が増え、また長時間勤務をしている人も多いため、家族で食事をしたくてもできないという状況が生まれている。いわゆる「孤食」が問題になって久しい。さらには、仮に家族が揃っていても、個々人がバラバラのものを食べる「個食」も増えていると言われる。こうした食事のあり方もまた、自分の好きなものしか食べなくなってしまうことにつながり、精神面でも栄養面でもマイナスの結果をもたらすことになる。

近年、働き方改革が社会的な課題になってきているが、食生活の改善という観点からも働き方を大きく変えていくことが求められる。また、後で述べる食育などを通して、食生活のあり方が人間にとっていかに重要な位置を占めるものであるかを考えていくことも必要だろう。

食の健康をどう守るか?

食品添加物や遺伝子組み換え食品の問題

現代の食のあり方については、もうひとつ大きな問題がある。それは**食品の安全性**という問題だ。

まず問題になるのが、**食品添加物や農薬**などの薬品だ。食品添加物というのは、防腐剤や着色料、漂白剤などに使われる添加物（食べ物ではないもの）のことだ。

私が子どもの頃、合成着色料などは、日常的に使われていた。「いちご○○」などという商品名がついていても、もちろん果汁などは入っていなくて、ただ着色しただけのものがほとんどだった。それを喜んで食べたり飲んだりしていた。今から思うと、恐ろしいことだ。

添加物は食品を長持ちさせたり、見栄えをよくしたりするために用いられる。化学的に合成されたものだけでなく、天然のものもあるが、もともと食べ物ではないので、口に入れないに越したことはない。現に、かつて食品添加物として許可されていたものの中にも、AF2（殺菌剤）やチクロ（人工甘味料）など、その後、有害であることが判明して、現在では使用禁止になっているものがある。現在、認可されて使用されている添加物の中に、発ガン性のあるもの、遺伝子に悪影響を与えるものがないとも限らない。

また、農作物に使われる農薬や防カビ剤などにも毒性が指摘されているものが存在する。特に輸入食品の場合は、安全基準が曖昧であったり、日本で禁止されている薬品が使用されていたりすることもある。有名なのは、淡路島のモンキーセンターで、障害のあるサルがたくさん生まれたことだ。餌に含まれていた農薬が原因だったのではないかと言われている。

もうひとつ、安全性で問題になっているのが、**遺伝子組み換え食品**だ。最近、クローン技術などで遺伝子を操作することによって、新しい生物を作り出したり、品種改良したりできるようになっている。たとえば、除草剤に強い大豆やトウモロコシ、害虫に強いジャガイモなどが、すでに出回っている。日本やヨーロッパは遺伝子操作について慎重な態度をとっているが、国によっては積極的に行っているところもあり、輸入食品に遺伝子組み換え食品が含まれることも多い。日本の製品でも、材料を外国から輸入している場合、遺伝子組み換え食品が含まれることもあり得る。

遺伝子組み換え食品は、これまでの検査によれば、危険性はないとされている。だが、予想もできないような危険が含まれていないとも限らない、という声が上がっている。たとえば、発がん性があったり、それを食べた人間の遺伝子に影響を与えたりするのではないかと危惧されている。

現在、遺伝子組み換え食品については表示が義務づけられているが、果たしてそれが有効かどうか危ぶまれている。たとえば、加工品の材料の一部に遺伝子組み換え食品が含まれるだけでも、きちんと表示されるのか。あるいは、牛そのものの遺伝子組み換えはないにしても、その牛が食べた餌に遺伝子組み換えのトウモロコシが含まれている場合にはどうなるか。いずれにせよ、厳しい検査と表示が必要とされている。

意見例

そして、消費者は、賢くなって商品を見る目を養う必要がある。遺伝子組み換え食品に限らず、さまざまな表示をしっかり見て、安全な食品を口に入れるように努力する必要がある。また、正確な表示がなされ、虚偽の表示をした業者には罰則を与えるように呼びかけ、監視していく必要もあるだろう。

？日本が抱える食料問題とは？

食料供給の安定性、食品ロス

2018年度の日本の食料自給率は、カロリーベースで過去最低の37％だった。1965年度には73％だったが、この50年間でほぼ半分になっている。大まかに言ってしまえば、日本で現在食べられているもののうち、63％を海外からの輸入に頼っているということだ。

なぜ、ここまで食料自給率が下がってしまったのだろうか。一番の原因は、食生活が洋風に変化したことだと言われている。自給率の高い米の消費が落ち込む一方で、自給率の低い小麦を原料とするパンや肉などが多く食べられるようになった。

自給率が低いと、「食料安全保障」の観点からリスクが高まることになる。つまり、異常気象などで輸入している農作物が手に入りづらくなったり、価格が急激に高騰してしまったりする可能性があるのだ。新興国の人口増加や食生活の変化によって、肉や穀物の需要に供給が追いつかなくなる恐れもある。もちろん、日本はさまざまな国と貿易をしているので、突然食べ物が大幅に不足するということは考えにくい。とはいえ、将来にわたって安定した食料供給を維持するためには、自給率を上げていく方策を考えていかなければならない。

　自給率を上げるための具体的な手段としては、現在輸入に頼っている食品を国産のものに置き換えていくということが

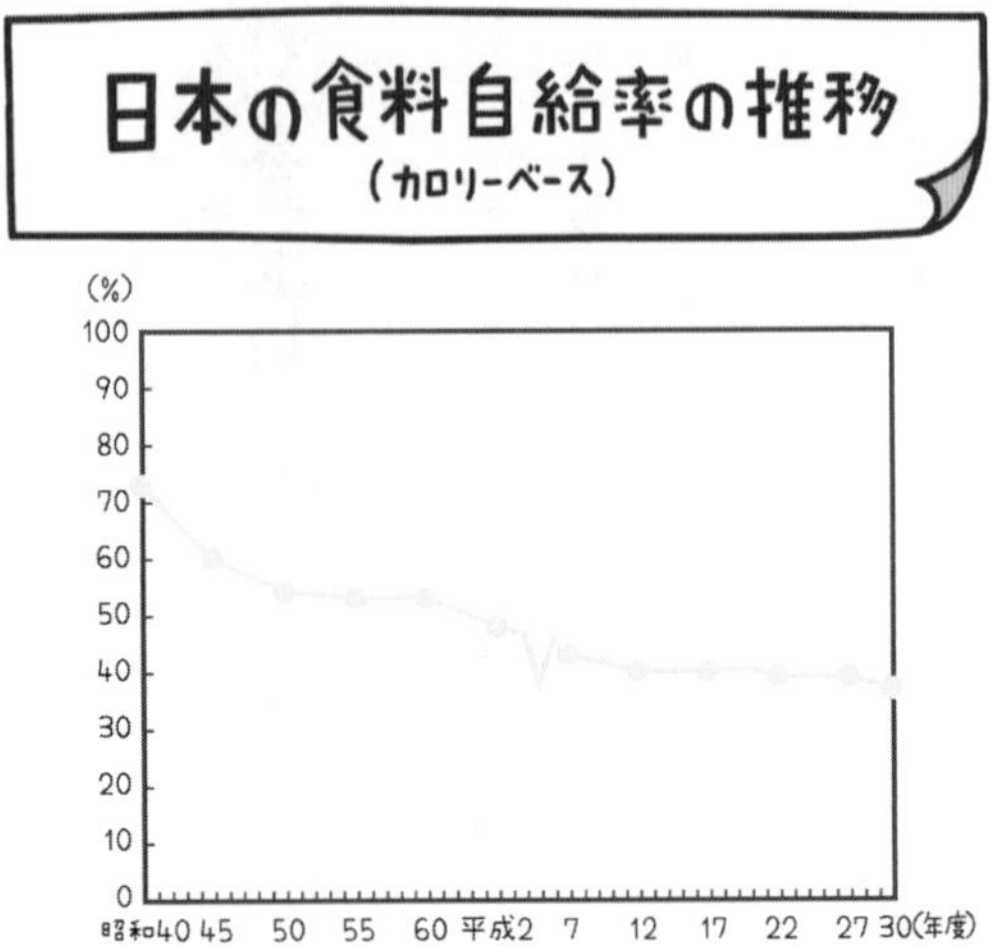

農林水産省 Webサイトより

考えられる。最近の消費者は食品の質や安全性への意識も高くなっているため、国産品の質の良さや安全性を積極的にアピールしていくことが大切だ。だが、それ以前に、多くの食料を国内で生産できるようにしていく必要がある。

日本の農業は、ずいぶん前から担い手の高齢化や後継者不足が問題になっている。その一方で、近年では田舎での生活や農業に興味を持つ若者が増えているので、新しく農業を始めたいと考えている若い人たちに農業の魅力をアピールしていくことが大切だ。ただ、実際に農業に従事してもらうためには、最初にかかる費用を補助したり、農業の知識・技術や経営のノウハウを習得するためのサポートをしたりすることが不可欠だ。

また、最近では農業へのロボット技術やICTなどを活用した「スマート農業」の導入も試みられている。たとえば、農薬散布などを行うドローンはすでに実用化されている。こうした新しい技術を活用すれば、農業の人手不足を補うこともできる。

ところで、食料供給問題と切り離せないのが、食べ物を無駄に廃棄してしまう「食品ロス」の問題だ。食品ロスというのは、本来は食べられるのに廃棄されてしまう食品のことだ。近年では、節分の恵方巻が大量に売れ残り、廃棄されていることが大きな関心を呼んだ。が、実際にはもっと多くの場面で食品ロスが生じており、期限切れで捨てられるものや食べ残し、調理中に捨ててしまう野菜などの切れ端も含まれる。

2017年度の推計では、日本の食品ロスは612万トンだった。一人当たりに換算すると、毎日茶碗一杯分の食べ物を捨てていることになる。もちろん、実際には家庭で捨てられている食べものだけでなく、レストランや食品加工の工場などで廃棄されているものも含まれている。いずれにせよ、食料自給率が非常に低い日本で、多くの食品を捨てているという矛盾した状態が起こっているのだ。食品ロスの増加は、温室効果ガスの排出や水資源の枯渇にもつながり、多くの環境問題の原因にもなっている。

このような状況を踏まえて、日本では2019年に食品ロス削減推進法が成立した。企業もすでに食品ロス削減の取り組みを始めていて、売れ残りが出ないよう、クリスマスケーキや恵方巻を完全予約制にしたコンビニチェーンもある。さらに、商品の包装を工夫して賞味期限を延ばしたり、売れ残った商品を従業員が安く買ったりする試みも行われている。

意見例

最近では、食品ロス対策の一環として、「フードバンク」の活動への注目も集まっている。フードバンク活動とは、賞味期限が近かったり包装の印字ミスなどで売れなくなってしまったりする食品や食材を、NPOなどがメーカーから引き取って、福祉施設などに届けるボランティア活動のことだ。2019年時点で、国内のフードバンク団体数は100を超えている。「教育」の章で説明したように、今の日本では相対的貧困率が非常に高くなっている。子どもたちの中には、まともな栄養を摂れるのが学校の給食だけ、という例もある。フードバンク活動は、生活困窮者を支援するものだが、それが同時に食品ロスを減らすことにもつながる。

このように、すでに多くの企業や団体が食品ロスへの対策を実行に移している。とはいえ、**食品ロスの半分近くを家庭の食品廃棄が占めていることを考えれば、家庭での無駄を減らすように一人ひとりが意識を高く持つことも欠かせない。**買い置きしていた食品をそのまま忘れてしまって、気がついたら消費期限を過ぎているという経験をした人も多くいるだろう。冷蔵庫の中身をチェックしたり、食べきれる分だけを買ったりするなど、食料問題の解決のために自分ができることを日頃から習慣づけていくことが大切だ。

これからの食のあり方をどうするか？

和食の持つ可能性、食育の重要さ

食について考えるときに頭に入れておくべきこと、それは「食」というのは、単に栄養を摂り入れることではなく、文化でもあるということだ。

米を主食にし、味噌や醤油を使うということが、実は日本人の考え方、感じ方までも規定しているという説もある。鯖田豊之氏は『肉食の思想』（中公新書）で、西洋と日本の考え方の違いは、肉を食べるか食べないかによって作られていると語っている。つまり、西洋人は、人間と似たところの多い動物の肉を食べる。そのため、人間と動物を厳密に分けて考えるようになった。動物を人間とはまったく別のものと考えないと、平気で食べられないからだ。そして、ものごとを完全に分けて考えることによって、厳密に考え、さまざまなことを区別して思考する西洋精神が生まれたという。一方、日本にはそのような考え方がなく、人間とまったく形の違う魚を食べていたので、厳密に考えようとしなかったというわけだ。

そこまで言うのは言い過ぎにしても、米を食べる、魚を生で食べる、昔はあまり肉を食べなかった、という点が日本の文化や考え方に大きな影響を与えている可能性はある。すると、私たちは毎日食事を摂りながら、日本の文化を味わっていることになる。そして、日々の食事というのは、おなかを満たすというだけでなく、食を通して文化を子どもに伝えていくという役割を果たしているわけだ。

日本では、すでに数十年前から、食生活の洋風化が進んできている。毎日、伝統的な和食ばかりを食べているという人は、今ではほとんどいないだろう。その一方で、**和食の持つ良さを見直そうという動き**もある。

日本の食生活が洋風化して栄養の偏りが生じてきたことはすでに述べたが、その点、和食は全体的に見て栄養バランスが優れている。また、地域の風土に根ざした食材が使われることが多く、各地の美味しい食材が楽しめるだけでなく、「**地産地消**」の考え方とも合致することになる。日本は諸外国から大量の食品を輸入しており、輸送による環境負担を表すフードマイレージの高さが問題になっているため、こうした観点からも和食の価値は高いと言える。

２０１３年には和食がユネスコの無形文化遺産に登録されていて、最近は海外でも日本料理レストランの人気が高い。だが、その一方で、どうすれば日本国内で和食の良さを文化として継承していけるかが課題になっている。そのひとつの手がかりとなるのが食育だ。

「食育」とは、食に関する知識や食品を選択する力を身に付け、健全な食生活を実現していける人間を育てることだとされている。学校や家庭など、いろいろな場で食育は実践されている。授業や行事などを通して学ぶことも必要だが、給食や家庭での食事も食育の重要な機会だと言える。

実際の食育の内容は多岐にわたっているが、和食や郷土料理の良さを特に若い世代が実感できるようにするための取り組みも行われている。たとえば、ある学校の家庭科では、日本の化学者が発見した「うま味」をテーマとして、子どもたちが和食のすばらしさを学べるようにするための授業を実践している。

意見例

食育を通して、健全な食生活について学ぶだけでなく、日本が食に関してどんな問題を抱えているか、そうした問題にどう向き合っていけばよいかについて学ぶことも重要だ。食料自給率や食品ロスなどの問題は、何気なく生活をしているとなかなか気付けないし、解決に向けて行動を変えていくきっかけもあまりない。

「食育基本法」では、「食に関する知識を教え育むことで、適切に食を選択し健全で健康な食生活を送ることができる人間を育てること」を食育の目的として定めている。これは子どもに対する食育を念頭に置いたものだが、人間にとっての食の重要さを考えれば、年齢に関係なく、これからの食のあり方をよりよいものにしていくための学びを深めていくことが求められる。

Check!

「食」関連キーワード集

食品添加物
食品を調理・加工・製造する際に添加する物質。保存料、甘味料、着色料、酸化防止剤、ゲル化剤、香料など。化学的に合成されたものと、天然物から抽出されたものがある。

遺伝子組み換え食品
遺伝子組み換え技術によってできた作物を原料に使用した食品。遺伝子組み換え技術では、ある生物に別の生物の遺伝子を挿入したり、元の遺伝子の機能を抑制したりする。

食料自給率
国内で消費される食料のうち、どの程度が国内で生産されているかを示したもの。食料全体に関する総合食料自給率には、カロリーベースと生産額ベースの2種類がある。

食品ロス
食べ残しや売れ残り、期限切れなどさまざまな理由で、本来は食べられるはずなのに捨てられてしまう食品のこと。事業系の食品ロスと家庭系の食品ロスに大別される。

地産地消
地域で生産された農産物や水産物などを、その地域で消費すること。食の安全、地域資源の確保、食文化の伝承などの観点から重視されるようになっている。

食育
さまざまな経験を通して、食に関する知識や食品を選択する力を身に付け、健全な食生活を実現していける人間を育てること。学校や家庭、地域で幅広く実践されている。

樋口裕一
Yuichi Higuchi

1951年、大分県生まれ。早稲田大学第一文学部卒業後、立教大学大学院博士課程満期退学。現在、多摩大学名誉教授。

長年にわたり、予備校で小論文を指導。その独自の合格小論文の書き方は「樋口式」と呼ばれ、“小論文の神様”として、受験生から篤い信頼を得ている。

1995年に書いた本書の初版『読むだけ小論文』がベストセラーになる。そのほかに、『まるまる使える入試小論文』(桐原書店)、『受かる小論文の絶対ルール』(青春出版社)、『小論文これだけ!』(東洋経済新報社)などの参考書や、大ベストセラーとなった一般書『頭がいい人、悪い人の話し方』(PHP新書)など、数多くの著書がある。

通信指導による小論文ゼミナール「白藍塾」塾長。大学・学部の出題傾向に合わせた指導で、毎年多くの受講生を志望校へ導いている。

白藍塾　https://hakuranjuku.co.jp/

読むだけ小論文 基礎編 パワーアップ版

【STAFF】

ブックデザイン　黒岩二三〔Fomalhaut〕
カバーイラスト　中村ユミ
本文イラスト　まつむらあきひろ
図版作成　有限会社 ケイデザイン
編集協力　黒川悠輔　KEN編集工房(高橋 賢)
中屋雄太郎　粕谷佳美
データ作成　有限会社 マウスワークス
印刷所　株式会社 リーブルテック